LE NORD,

COMPAGNIE ANONYME D'ASSURANCES GÉNÉRALES

Contre l'Incendie,

À PRIMES FIXES,

A LILLE,

Rue Saint-Pierre, No. 29.

Autorisée par ordonnances royales des 24 février 1840, 11 octobre 1842, 27 octobre 1843, 11 octobre 1845 et 28 mars 1847.

INSTRUCTIONS GÉNÉRALES

À MESSIEURS LES REPRÉSENTANTS DE LA COMPAGNIE.

1849.

Lille, Imp. de L. Danel.

LE NORD,

COMPAGNIE ANONYME D'ASSURANCES GÉNÉRALES

Contre l'Incendie,

A PRIMES FIXES,

A LILLE,

Rue Saint-Pierre, N.° 22.

Autorisée par ordonnances royales des 24 février 1840, 14 octobre 1842, 27 octobre 1843, 14 octobre 1845 et 28 mars 1847.

INSTRUCTIONS GÉNÉRALES

A MM. les Représentants de la Compagnie.

1849.

LE NORD,

COMPAGNIE ANONYME D'ASSURANCES GÉNÉRALES CONTRE L'INCENDIE

à primes fixes,

A LILLE,

Rue Saint-Pierre, N.° 29.

Autorisée par ordonnances royales des 24 février 1840, 14 octobre 1842, 27 octobre 1843,
14 octobre 1845 et 28 mars 1847.

INSTRUCTIONS GÉNÉRALES

A MESSIEURS LES REPRÉSENTANTS DE LA COMPAGNIE.

MESSIEURS,

Depuis longtemps nous avons épuisé la première édition de nos instructions, devenues d'ailleurs incomplètes, et nous désirions vous en adresser une nouvelle avec les changements et développements nécessités par les modifications successivement apportées à nos statuts, au chiffre de notre capital et à notre circonscription ; mais nous avons été arrêtés dans notre travail, d'abord par les embarras de notre organisation, à la suite de l'ordonnance royale du **28 mars 1847** (1),

(1) Qui autorise la Compagnie à étendre ses opérations dans toute la France et à l'étranger.

plus tard, par les événements politiques qui sont venus mettre en question toute position sociale ; et, dernièrement enfin, par les prétentions insensées du Gouvernement provisoire, qui, voulant mettre en pratique des théories désastreuses, avait rêvé de s'emparer de notre industrie et de porter dans cette branche de la sécurité publique cet esprit de destruction et de gaspillage qui a marqué son passage au pouvoir.

L'opinion publique a fait justice de cet extravagant projet, relégué désormais dans le domaine de l'impossible, avec toutes les autres rêveries de cette époque de délire.

Nous avons donc pu reprendre paisiblement notre travail et y mettre la dernière main : aujourd'hui nous venons vous le remettre en le recommandant à votre sérieuse et constante attention.

Nous avons essayé de le rendre aussi complet que possible et d'y apporter l'ordre, la méthode et la lucidité si nécessaires en pareille matière ; cependant, comme toute chose humaine, il sera imparfait ; mais s'il est des points sur lesquels des éclaircissements vous paraissent nécessaires, ou si, plus tard, des difficultés imprévues viennent à surgir, nous vous prions de vouloir bien nous les signaler, et nous nous empresserons de répondre à votre attente, en vous donnant une prompte solution.

De plus, nous recueillerons scrupuleusement toutes les observations, toutes les objections, tous les bons conseils qui nous auront été adressés par nos correspondants, afin d'en faire plus tard l'objet de circulaires, qui seront comme un supplément ou un commentaire aux instructions générales, et puis aussi pour apporter dans notre direction les réformes dont l'expérience nous aurait démontré l'utilité.

C'est ainsi, Messieurs, qu'en nous aidant les uns les autres à marcher dans la voie des perfectionnements, nous arriverons à simplifier et faciliter nos mutuelles relations.

Maintenant, Messieurs, nous allons entrer en matière, et, pour procéder avec ordre, nous commencerons par dire quelques mots des assurances en général et de notre compagnie en particulier ; nous nous placerons ensuite dans la position d'un représentant, avant qu'il ait commencé ses opérations ; nous l'aiderons dans l'organisation de son agence, puis nous le suivrons dans ses relations avec le client, avant, pendant et après le contrat ; dans ses relations avec la direction centrale, enfin dans ses relations avec l'un et avec l'autre à l'époque critique du sinistre.

Nos instructions vont donc se diviser naturellement en cinq parties :

1.° Considérations préliminaires sur les assurances en général et sur la compagnie LE NORD en particulier.

2.° Organisation de l'agence et des sous-agences, et des relations de l'agent principal avec ses sous-agents.

3.º Relations de l'agent avec l'assuré, avant, pendant et après le contrat.

4.º Relations de l'agent avec la direction centrale.

5.º Des sinistres .

Chaque partie est subdivisée, selon l'ordre, l'importance et l'étendue des matières, en titres et chapitres, et chaque chapitre en aliénas, tous numérotés du premier au dernier, comme les articles d'un code, afin que nous puissions plus facilement nous entendre, quand nous aurons à nous référer à telle ou telle disposition des instructions.

A la suite vous trouverez un formulaire complet de tous les actes que vous pourrez être appelés à faire dans le cours de votre agence.

Désormais, Messieurs, rien ne va vous manquer pour organiser vos agences et les faire marcher. Nous comptons plus que jamais sur votre actif et dévoué concours.

Lille, le 1.er janvier 1849.

PREMIÈRE PARTIE.

CONSIDÉRATIONS PRÉLIMINAIRES SUR LES ASSURANCES EN GÉNÉRAL ET SUR LA COMPAGNIE **LE NORD** EN PARTICULIER.

TITRE I.er

Définition de l'assurance, de la police, de la prime & du sinistre. — Différentes espèces d'assurances. — Compagnies existantes. — Le Nord.

ARTICLE PREMIER. L'*assurance* est un contrat aléatoire (1) par lequel l'un des contractants, que l'on nomme *assureur*, s'engage à indemniser l'autre, que l'on nomme *assuré*, du *dommage* qui peut résulter *d'un sinistre*.

2. La chose assurée s'appelle *risque*.

3. Le contrat s'appelle *police*, et le prix de l'indemnité s'appelle *prime*.

(1) Code civil, art. 1104.

4. Le *sinistre* est un événement fortuit ou de force majeure, ou même d'imprudence ou de malveillance qui cause un *dommage*.

5. Les différentes espèces d'assurances peuvent varier à l'infini *quant à leur objet*, selon que le dommage qu'elles doivent réparer aura pour cause le *naufrage, l'incendie, l'inondation,* la *maladie,* la *mort,* la *grêle,* etc., etc.

6. Nous n'avons à nous occuper ici que des assurances contre l'incendie.

7. Quant à leur mode, les assurances sont de deux sortes, *à primes fixes* ou *mutuelles*.

8. Dans l'assurance à primes fixes l'*assureur* garantit l'*assuré* moyennant un prix déterminé.

9. L'*assurance mutuelle* est une *association* dont les membres s'engagent réciproquement à s'indemniser les uns les autres en cas de sinistre.

10. Nous apprécierons plus tard les différents résultats de ces différentes manières d'opérer (Art. 56 et suivants).

11. Dans les assurances maritimes l'assureur à primes fixes n'est souvent autre qu'une société en commandite ou même une simple maison de commerce ; mais dans les assurances contre l'incendie, l'assureur c'est une société d'actionnaires qui se sont engagés jusqu'à concurrence d'un capital déterminé, dont ils ont versé une partie pour garantie (1). Cette société n'opère qu'après s'être fait autoriser par le Gouvernement : c'est ce qu'on appelle une société *anonyme* (2).

12. L'usage des assurances maritimes est fort ancien ; il n'en est pas de même des assurances contre l'incendie, qui ne sont guères connues en France que depuis trente ans.

13. Avant la révolution de 89 il y avait bien eu quelques tentatives d'associations d'assurances terrestres ; mais elles ne paraissent pas avoir eu de résultats : c'est sous la Restauration que cette utile institution fut connue et répandue en France, où elle avait été importée par des émigrés, encouragée par le roi Louis XVIII, qui en avait apprécié les bienfaits en Angleterre, où elle était établie depuis plus d'un siècle.

14. Les assurances terrestres ont pris surtout un grand développement depuis 1838.

15. Environ vingt compagnies anonymes d'assurances générales (3) à primes fixes contre l'incendie, se sont successivement établies en France. Plusieurs, particulièrement dans ces derniers temps, ont été obligées de liquider ou de se fondre dans d'autres compagnies (4). Le nombre de celles qui survivent est aujourd'hui réduit à quatorze, sans compter les sociétés mutuelles qui, ordinairement, n'embrassent qu'un ou quelques départements, et dont l'existence est presque toujours éphémère.

---

(1) Ordinairement le cinquième.

(2) Il y a eu en France plusieurs sociétés en commandite d'assurances à primes fixes contre l'incendie ; il n'en existe plus aujourd'hui.

(3) D'assurances générales, c'est-à-dire qui assurent partout. Il n'y a plus en France de compagnies anonymes d'assurances à primes fixes dont la circonscription soit limitée.

(4) *La Salamandre, le Dragon, l'Alliance, le Réparateur, la Réparatrice, l'Indemnité, la Sécurité, la Bienfaisante, le Sauveur.*

16. Les quatorze compagnies aujourd'hui existantes sont :

LA COMPAGNIE D'ASSURANCES GÉNÉRALES ;
LE PHÉNIX ;
LA NATIONALE (ci-devant ROYALE) ;
L'UNION ;

LE SOLEIL ;
LA FRANCE ;
L'URBAINE ;
LA PROVIDENCE ;

LE PALLADIUM ;
L'AIGLE ;
LA CONFIANCE ;
LA PATERNELLE ;

LA LYONNAISE ;
LE NORD.

A l'exception de LA LYONNAISE et du NORD, qui ont leur siége], l'une à Lyon, l'autre à Lille, toutes les autres compagnies ont leur siége à Paris. (1)

17. LE NORD est une compagnie anonyme d'assurances générales à primes fixes contre l'incendie. Son capital social est de deux millions, dont un cinquième a été versé et placé. Son siége est à Lille.

18. Elle a été fondée en 1840, au capital social de cinq cent mille francs ; sa circonscription était limitée au département du Nord. Plus tard elle porta son capital à un million, et étendit ses opérations en Belgique et dans le Pas-de-Calais. Enfin, en 1847, elle a encore doublé son capital et s'est fait autoriser à assurer dans toute la France et à l'étranger.

19. La société est administrée par un conseil de neuf actionnaires, un directeur, et des agents qui la représentent dans les départements, et ont sous leurs ordres des sous-agents.

20. Ces instructions sont particulièrement adressées aux agents, chargés d'un département ou d'un ou plusieurs arrondissements, et qui prennent ordinairement le titre d'agents principaux. (Art. 80 et suiv.)

---

(1) Les quatre premières compagnies se sont liées par certains engagements réciproques et se réunissent en comité pour s'entendre sur leurs intérêts communs, comme la rédaction des clauses générales des polices, la fixation du taux des primes, etc. Il en est de même des quatre suivantes, et ces deux comités se forment à jours fixes en comité général. Les six autres compagnies ont conservé respectivement leur liberté d'action.

TITRE II.

Utilité et bienfaits de l'assurance. — Les Sociétés mutuelles et les Compagnies à primes fixes. — Les Compagnies de Paris et Le Nord.

CHAPITRE Ier

UTILITÉ DE L'ASSURANCE.

21. L'utilité de l'assurance n'a pas besoin d'être démontrée : pour quiconque réfléchit, elle est incontestable ; mais, comme tant d'autres vérités, elle n'a pas encore été généralement comprise en France, puisque, aujourd'hui même, après trente années d'existence, l'assurance couvre à peine le quart des valeurs assurables (1).

22. D'où vient dans les esprits cette indifférence, nous dirons presque cette insensibilité, pour un préservatif si facile, si peu coûteux, contre l'un des fléaux les plus désastreux et les plus irrémédiables dont l'humanité soit affligée ?

23. Chez les uns, c'est la simple ignorance qui ne demande qu'à être éclairée ; pour d'autres c'est cette routine obstinée qui repousse, sans examen, tout bienfait de la civilisation et du progrès, ou bien, c'est l'aveuglement de l'avarice, ou bien ce sont des préventions.

24. Votre premier devoir, Messieurs, dans votre propre intérêt, dans l'intérêt de la compagnie, et (ce qui est plus noble et plus généreux), dans l'intérêt de l'État, dans l'intérêt même de l'humanité, votre premier devoir, disons-nous, est de faire connaître l'assurance.

25. Vous travaillerez dans votre intérêt, puisque, plus la connaissance, le goût et l'usage des assurances seront répandus, plus vous aurez à récolter, pour votre part, dans ce champ encore aux trois quarts inculte, et pourtant si vaste et si fertile.

(1) En Angleterre tout le monde se fait assurer.

26. Vous travaillerez dans l'intérêt de la compagnie, qui, dans l'extension de ses opérations, voit diminuer proportionnellement la charge de ses frais généraux, et accroître sa considération, son crédit et ses bénéfices.

27. Vous travaillerez dans l'intérêt de l'État, en allégeant le poids si lourd des secours que le gouvernement, le département, la commune, la charité publique et la charité privée se voient, chaque année, obligés d'allouer aux victimes imprévoyantes de l'incendie. C'est ce que vous devez vous appliquer à faire comprendre aux fonctionnaires publics, et particulièrement aux autorités municipales, aux conseils généraux et aux préfets, pour qu'ils vous secondent dans votre œuvre de propagande.

28. Vous travaillerez dans l'intérêt de l'humanité, en coopérant à conjurer ces catastrophes domestiques qui portent la misère dans la famille, le malaise et la perturbation dans la société, et paralysent le commerce, l'agriculture et l'industrie ; vous travaillerez dans l'intérêt de l'humanité, parce que l'assureur, non seulement cicatrise des plaies affreuses, mais aussi parce qu'il vient au secours du crédit en facilitant, en garantissant les transactions, en vivifiant, en un mot, toutes les affaires (1).

29. Vous travaillerez donc avec ardeur à répandre en tous lieux et par tous les moyens, la connaissance de l'assurance; les affiches, les prospectus, les journaux, les conversations, les influences sociales, vous devez tout faire concourir à faire apprécier les avantages et les bienfaits de l'assurance, à en inspirer le goût, à en propager l'usage.

30. Nous l'avons dit, l'utilité de l'assurance est une de ces vérités qui ne peuvent guère être démontrées, parce qu'elles sont évidentes. Quel homme raisonnable peut envisager de sang-froid l'éventualité de sa ruine, de la ruine de sa famille, quand il a sous la main le moyen facile, infaillible de la prévenir? Y a-t-il, en effet, la moindre proportion entre le léger sacrifice que l'assuré s'impose, et le danger contre lequel il se prémunit?

31. Mais, dit-on, il y a mille à parier contre un que je n'éprouverai pas de sinistre? Peut-être. Mais il suffit de cette seule chance pour que la prudence exige que vous l'écartiez. Tous les jours ne voyez-vous pas l'incendie éclater autour de vous? Pourquoi n'éclaterait-il pas aussi bien chez vous? Comment! il est peu d'hommes, surtout dans ce siècle, qui ne s'imposent de dures privations pour courir les hasards de l'industrie, ou même de la loterie, afin d'acquérir ce qu'ils n'ont point, et l'on ne saurait s'en imposer une légère afin de conserver ce que l'on a.

32. Mais mes constructions sont solides, et j'exerce la plus grande surveillance. C'est très-bien, et vous agissez en bon père de famille ; mais pourrez-vous surveiller jour et nuit? Pourrez-vous surveiller à toute heure, et votre surveillance vous prémunira-t-elle toujours contre un cas fortuit, contre l'imprudence d'un voisin, d'un domestique, d'un enfant ; contre la malveillance d'un

---

(1) Un grand nombre d'assurances se font à l'occasion d'emprunts hypothécaires qui, sans cette garantie, n'auraient pas été effectués, et beaucoup d'établissements industriels n'existeraient pas si les bailleurs de fonds n'avaient trouvé leur sécurité dans l'assurance.

étranger ; et tous les jours ne voit-on pas les constructions les plus solides s'écrouler dans les flammes ? (1)

33. N'oublions pas que, depuis quelque temps, *le feu*, que nos ancêtres tiraient péniblement du choc des cailloux, *le feu*, qui ne faisait dans nos ménages et dans nos industries que de rares et courtes apparitions, est maintenant à l'état de permanence partout et à la portée de tous. C'est *le feu* qui nous donne nos fils, nos toiles, nos draps, tous les produits manufacturés ; c'est *le feu* qui nous emporte d'un bout du monde à l'autre ; le feu est à la pipe, au cigare, qui sont à toutes les bouches ; l'allumette chimique est dans toutes les poches, est dans toutes les mains, et vous pouvez voir avec quelle incurie, quelle imprudence on use de cet instrument d'embrasement si permanent, si subit, si multiplié. Aussi, le nombre des incendies va-t-il en augmentant chaque jour dans une progression effrayante.

34. Ainsi, Messieurs, le fléau de l'incendie est sans cesse suspendu sur nos têtes, et c'est à vous qu'il appartient de ne pas le laisser perdre de vue, afin qu'on puisse l'écarter.

35. Vous devrez représenter souvent le tableau des angoisses et de la misère qui suivent l'incendie ; vous peindrez les regrets amers de ces malheureux, que l'imprévoyance, l'avarice ou les préventions avaient éloignés de l'assurance, et qui maintenant tendent la main à la charité, épuisée par tant d'autres misères, et pleurent sur des cendres, du sein desquelles il n'a tenu qu'à eux de faire surgir de nouvelles richesses.

36. Vous direz comment les suites de l'incendie sont désastreuses, non seulement pour ceux qui en sont directement les victimes, mais, nous l'avons dit déjà, désastreuses aussi pour la société ; un riche établissement devient la proie des flammes ; il n'était pas assuré ; son proprié-taire est ruiné, et avec lui les capitalistes qui l'aidaient de leurs capitaux ; mais en outre, cinq cents ouvriers, c'est-à-dire cinq cents familles, sont réduites à aller chercher leur existence ailleurs. Leur consommation faisait vivre dans le pays un grand nombre d'autres familles qui se ressentent ainsi du contre-coup ; voilà la source du produit tarie, et avec elle toutes les ramifica-tions du commerce qu'il alimentait (2).

37. Ce que nous venons de dire d'un établissement industriel, peut se dire d'un riche magasin, d'une riche exploitation rurale ; tout ceci s'applique du grand au petit ; tout ceci est terrible, mais tout ceci est vrai, et ces vérités ne sauraient manquer de frapper les esprits droits et de déterminer les gens sages.

38. Et pour prévenir tant et de si grands malheurs privés et publics, pour n'avoir plus à

---

(1) Tout dernièrement encore un palais en ville et un château à la campagne, l'un et l'autre construits en pierres de taille et couverts en ardoises, ont été presque totalement détruits par le feu.

(2) Il suit de là que l'assurance doit avoir une véritable influence sur la prospérité agricole, commerciale et industrielle, qu'elle maintient sans secousse dans un état normal. Aussi remarque-t-on que les états les plus prospères en agriculture, en commerce, en industrie, sont ceux où l'assurance est le plus en usage, l'Angleterre, par exemple, où tout le monde se fait assurer.

En France, depuis 1819, la prospérité agricole, industrielle et commerciale, n'a cessé de progresser avec l'assurance, à mesure qu'elle s'est développée.

redouter, sinon la perte, au moins l'ébranlement de sa fortune, pour dormir tranquilles en un mot, que faut-il faire? Par quels sacrifices faut-il acheter ce repos, si doux au cœur du père de famille?

Donnez-moi quelques francs, quelques centimes, dit l'assureur à l'assuré, et je vous donnerai mille francs!.... N'est-ce pas quelque chose de merveilleux? Qu'est-ce donc, suivant les fortunes, qu'une dépense annuelle de cinq, dix, vingt, cent francs même? Pour les uns, ce n'est pas l'équivalent d'une dépense au cabaret, au café; pour d'autres, ce n'est pas l'équivalent d'un billet de spectacle ou de concert, d'une toilette de bal, d'une perte au jeu, d'un meuble inutile, de la moindre fantaisie.

CHAPITRE II.

BIENFAITS DE L'ASSURANCE.

39. L'utilité de l'assurance établie, vous aurez à faire apprécier ses bienfaits.

40. Vous trouverez des hommes ayant foi dans l'assurance en principe, mais incrédules dans les moyens et les résultats. Ils reconnaîtront que l'assurance serait une excellente institution; mais ils objecteront qu'en pratique ce n'est qu'un mensonge, une duperie.

41. Ils vous diront : « Si je m'engage dans l'assurance mutuelle, je m'expose à contribuer » pour une cotisation excessive et à n'être pas intégralement indemnisé. Si je m'adresse à » l'assurance à primes fixes, elle saura bien percevoir mes primes, mais elle ne saura pas payer » le sinistre, ou, si elle le paie, ce ne sera que d'une manière tronquée, après mille difficultés, » mille chicanes, après m'avoir traîné pendant des années devant toutes les juridictions. »

42. Ces mots, Messieurs, vous aurez eu, vous aurez occasion de les entendre plus d'une fois dans la bouche d'hommes grossiers ou prévenus : c'est par le raisonnement, c'est par des faits qu'il faut répondre à ces boutades de la mauvaise humeur ou de l'ignorance.

43. Et d'abord, gardons-nous de nous rendre solidaires de ce que nous ne saurions justifier : Vous n'avez pas, dites-vous, confiance aux sociétés mutuelles? Ni nous non plus : sur ce terrain nous serons parfaitement d'accord. Nous pourrions nous borner à dire que si ce système d'assurances est mauvais, on a tort d'y souscrire, quand on a la facilité de recourir à d'autres; mais cela ne suffit pas; dans l'intérêt du public comme dans le nôtre, nous devons dire toute la vérité, et démontrer l'insuffisance et le danger des sociétés mutuelles : c'est ce que nous ferons dans le chapitre suivant.

44. Quant aux sociétés à primes fixes, il peut se faire que quelques-unes n'aient pas toujours rempli leurs engagements en toute loyauté ; mais, en admettant qu'il en soit ainsi, ce ne serait pas une raison pour généraliser l'exception : est-ce que dans tous les états, dans toutes les professions il n'y a pas de la mauvaise foi et de la bonne foi ? des fripons et d'honnêtes gens ? N'y a-t-il pas des bouchers, des drapiers, des épiciers qui vendent de mauvaise viande, de mauvais drap, de mauvaise chandelle, et qui vendent à faux poids et à fausse mesure ? N'y a-t-il pas des médecins qui exploitent leurs malades, des avocats qui se chargent de mauvaises causes, des notaires indélicats ? Faut-il en conclure qu'il n'y a plus d'honnêtes marchands, d'honnêtes médecins, d'honnêtes avocats, d'honnêtes notaires, et que l'on doit se priver de viande, de drap, de chandelle, que l'on doit renoncer à recourir au ministère du médecin, de l'avocat, du notaire ? Mais cela serait absurde ! Il en est de même en matière d'assurance : La seule conclusion à tirer de ces tristes exceptions, c'est qu'il faut savoir discerner, et ne traiter qu'avec une compagnie honnête, de même que vous ne devez acheter votre chandelle que chez un honnête épicier.

45. Mais, si vous avez été trompé, voulez-vous que je vous dise pourquoi ? C'est que vous avez couru après le bon marché, et vous avez, comme on le dit vulgairement, de la marchandise pour votre argent. Ne saviez-vous pas que la bonne viande, que le bon drap, que la bonne chandelle se vendent plus cher que la mauvaise viande, le mauvais drap, la mauvaise chandelle ? Vous deviez savoir de même qu'une bonne *indemnité* ne s'achète qu'au prix d'une bonne *prime*, et qu'une compagnie ne peut subsister et satisfaire à ses engagements qu'autant qu'elle maintient les primes de son tarif. Vous avez préféré ne payer qu'une misérable prime et vous adresser à une compagnie véreuse : ne venez donc pas vous plaindre si vous ne recevez qu'une misérable indemnité !.... (Art. 88, 226 et suiv.)

46. Du reste, si de pareils abus ont pu être signalés, disons qu'ils tendent chaque jour à disparaître. Les compagnies qui n'ont pas donné satisfaction à leurs assurés étaient généralement des sociétés en commandite, et il n'en existe plus. Quant aux autres, s'il en est qui soient aussi tombées sous le poids de leurs propres fautes et du discrédit, celles qui restent debout offrent des garanties suffisantes de solidité et de moralité. S'il en est qui ne réunissent pas ces éléments de prospérité, elles ne tarderont pas à tomber elles-mêmes.

47. Mais est-il donc vrai que les assurés aient été si souvent victimes de l'astuce et de la mauvaise foi des compagnies ? Que l'on se garde de le croire. Si l'on suppose qu'il peut y avoir des assureurs déshonnêtes, doit-on croire que tous les assurés sont parfaitement probes et délicats ? Hélas ! il n'en est pas ainsi, et, si l'on voulait suivre attentivement les procès en matière d'assurance, on reconnaîtrait que presque toujours la compagnie a dû lutter contre l'assuré qui avait mis le feu lui-même, ou contre l'assuré qui, moins criminel, voulait profiter de son propre désastre, non pour recevoir une juste indemnité, mais pour réaliser un honteux bénéfice. Or, qu'on nous le dise, quelle est la maison de commerce la plus prudente et la plus honorable qui n'a pas été vue devant les tribunaux aux prises avec l'intérêt aveugle ou la mauvaise foi ? Comment

l'industrie de l'assurance, qui se trouve en relation avec des milliers de clients, serait-elle exempte de ce mal inhérent à toutes les autres industries dont les relations sont cependant beaucoup plus restreintes?

48. En définitive, les procès, les difficultés entre les assurés et les compagnies, sont beaucoup plus rares qu'on l'imagine, et en très-petite proportion avec le nombre des réglements amiables. L'oreille du public est frappée du scandale d'un procès, mais elle n'a pas connaissance des sinistres qui se règlent sans bruit. Relevé fait des statistiques d'assurances, il n'y a pas chaque année, dans toute la France, *deux cents procès* d'assurances terrestres, et chaque année, dans toute la France, plus de *six mille sinistres* se règlent et se paient sans contestations! (1)

49. Et c'est ici qu'il y a lieu de reconnaître que l'assurance est une chose non seulement bonne *en soi*, mais une chose aussi bonne *en fait*. C'est ici qu'il y a lieu de rendre un hommage éclatant aux compagnies d'assurances pour les services immenses qu'elles ont rendus à la société, et pour cela, il suffit de dire que, depuis 1819, elles ont réglé plus de *deux cent mille sinistres* et payé plus de *trois cent millions de francs* d'indemnités.

CHAPITRE III.

DES SOCIÉTÉS A PRIMES FIXES ET DES SOCIÉTÉS MUTUELLES.

50. Nous supposons vos clients décidés; ils veulent se faire assurer; il ne leur reste plus qu'à choisir le mode d'assurance; s'engageront-ils dans la mutualité? s'adresseront-ils aux compagnies à primes fixes?

51. Pour bien apprécier les avantages ou les désavantages de ces deux modes d'assurance, rappelons-nous la définition de l'un et de l'autre, et donnons quelque développement à cette définition, les conséquences découleront ensuite plus naturellement, et se feront mieux sentir.

52. Dans l'assurance à *primes fixes*, avons-nous dit, l'assureur garantit *l'assuré*, moyennant un *prix déterminé*. (Art. 8.)

Ce *prix* ou cette *prime* est calculé de manière à ce que l'assureur ne soit pas en perte, ce qui est une garantie tout-à-la-fois et pour l'actionnaire, qui a ses capitaux engagés, et pour l'assuré qui compte sur une indemnité en cas de sinistre.

---

(1) Extrait des comptes rendus.

53. Mais s'il y a perte, l'actionnaire seul souffre, puisque, si les primes ne suffisent pas pour indemniser le sinistre, on emploie le capital de garantie qui a été versé, et que, si ce capital n'est pas encore suffisant, on fait aux actionnaires un appel de fonds jusqu'à concurrence de leur engagement.

54. On n'attend pas que tout le capital engagé soit épuisé ; si la moitié, le tiers est absorbé, la société liquide, mais alors même l'assuré n'a rien à craindre, car l'assurance est reprise par une autre compagnie, qui se substitue à tous les engagements de la compagnie en liquidation, ou bien l'assuré fait couvrir lui-même son risque par une autre compagnie ; et la pire chose qui puisse lui arriver, c'est de perdre sa prime d'une année.

55. Ainsi, quoi qu'il advienne, l'assuré peut dormir tranquille, il a payé sa prime ; il sait ce qu'il a payé ; il sait ce qu'il doit payer, il sait qu'on ne peut lui demander rien de plus, et il est toujours certain d'être indemnisé en cas de sinistre.

56. En est-il de même dans la mutualité? « L'assurance mutuelle est une association dont les » membres s'engagent réciproquement à s'indemniser les uns les autres en cas de sinistre. » (Art. 9.)

57. Ainsi, la personne engagée dans la mutualité est tout à la fois *assureur* et *assurée*.

Elle est *assureur*, puisqu'elle promet de contribuer à indemniser ; elle est *assurée* puisqu'on lui promet de l'indemniser.

58. Là, il n'y a plus de primes, là, il n'y a plus de capital social.

59. Cependant, pour administrer, il faut bien des fonds ; on se les procure au moyen d'une cotisation entre tous les associés ; or, cette cotisation est minime, puisqu'elle n'a d'autre objet que de pourvoir aux frais d'administration ; et, disons-le dès-à-présent en passant, comme elle est ordinairement inférieure à *la prime fixe* des autres compagnies, elle tente le public à raison de son bon marché.

60. Mais ce n'est pas tout : les sinistres se déclarent, il faut les payer, et c'est alors que les contributions surviennent et que les associés se voient parfois taxés dans d'énormes proportions.

61. Pour cette contribution, il y a deux modes d'opérer : ou les associés se sont engagés sans aucune restriction à payer tous les dommages, à quelque chiffre qu'ils puissent s'élever, ou bien ils ont établi un *maximum* au-delà duquel le sociétaire ne sera plus tenu de contribuer ; on sera convenu, par exemple, que chaque sociétaire ne saurait être tenu au-delà de vingt pour mille.

62. Dans le premier cas, le sociétaire, *comme assureur*, est tenu, jusqu'à concurrence *de tous ses biens*, puisque, quelque énorme que puisse être le chiffre des pertes, il est tenu de les réparer.

63. Dans le second cas, *comme assuré*, il n'est pas certain d'être intégralement indemnisé, puisqu'il peut arriver que le maximum des contributions ne soit pas égal au chiffre des sinistres.

64. Ainsi, la première conséquence du système de la mutualité, est une véritable inconséquence : Vous voulez vous faire assurer, c'est-à-dire vous débarrasser du souci d'une éventualité

fâcheuse, et pour cela, que faites-vous ? Vous engagez tous vos biens pour payer les sinistres des autres, ou bien vous n'avez pas la certitude de la réparation de votre propre sinistre.

65. N'oublions pas que la mutualité n'a ni primes ni capital social ; c'est-à-dire qu'elle n'a aucuns fonds disponibles. Ce n'est qu'après avoir recueilli les contributions qu'elle peut payer les sinistres ; quand donc seront-ils payés ?

66. Ou ils le seront immédiatement (1), au fur et à mesure qu'ils se manifesteront, ou bien ils le seront tous ensemble à la fin de l'année.

67. Dans le premier cas, il pourra arriver qu'il ne se passe pas un mois, une semaine, un jour, sans que le *sociétaire assureur* voie arriver un bulletin de contributions ; quant au *sociétaire asssuré*, heureux s'il brûle dans les premiers mois de l'année ; car, si au mois de juillet, par exemple, le *maximum* des contributions a déjà été absorbé, il n'aura plus droit à rien recevoir.

68. Si tous les sinistres ne se paient qu'à la fin de l'année, le *sociétaire assureur* reste un an sans connaître sa position, ne sachant s'il devra payer cinquante centimes, cinquante francs ou cinq cents francs; et, ce qui est bien plus grave, le *sociétaire assuré*, pendant une année entière, reste sans être indemnisé, sans savoir comment il le sera et si même il le sera ; c'est-à-dire, que (surtout si c'est un industriel ou un commerçant) il est à peu près ruiné.

Nous admettons que tout se passe au mieux ; le sinistré ne sera jamais intégralement indemnisé, puisqu'il devra contribuer pour sa propre part à son propre sinistre.

69. Continuons : Une association doit offrir à tous ses associés des avantages égaux ou au moins des avantages proportionnellement égaux : ainsi, dans une société anonyme, au capital de cent mille francs, Pierre apporte vingt actions ou vingt mille francs ; et Paul, dix actions ou dix mille francs : Pierre et Paul participeront aux bénéfices et aux pertes, l'un pour vingt, l'autre pour dix centièmes ; mais, dans la mutualité, sans préciser de quote-part, vous associez le riche et le pauvre, l'homme qui offre d'immenses garanties et l'homme qui n'en offre aucune ; vous associez le risque le plus dangereux et celui qui l'est le moins ; vous associez le chaume et le château : qu'arrivera-t-il ? Que le riche paiera pour le pauvre ; que le château paiera pour la chaumière ; et s'il a été établi un *maximum* de contributions, il arrivera encore que les petits sinistres pourront bien être réparés, mais que les gros sinistres pourront bien ne pas l'être. Cela est-il juste? Ce système peut bien convenir à un socialiste, mais il ne saurait convenir à une société.

70. Allons plus loin : ce qui assure la prospérité des compagnies à primes fixes, c'est la division infinie des risques, c'est le mécanisme admirable des réassurances, au moyen duquel chaque compagnie assure un peu ici, un peu là, un peu partout, et beaucoup nulle part, en

---

(1) Quand nous disons qu'ils seront payés immédiatement, nous voulons dire qu'ils devront être payés immédiatement, ce qui est matériellement impossible ; car il faut bien toujours un temps moral pour recueillir les contributions, et si, comme c'est souvent le cas, les sociétaires se montrent rebelles et refusent la contribution, comment le sinistré pourra-t-il être indemnisé?

sorte que les primes du Hâvre ou de Lisbonne paient les sinistres de Marseille ou de Saint-Pétersbourg (1), et qu'aucune compagnie ne saurait être exposée à des pertes anormales.

71. La mutualité n'a pas cet avantage : renfermée dans des limites plus ou moins rétrécies, elle ne peut, comme la compagnie anonyme, choisir ses risques, prendre celui-ci, refuser celui-là ; elle est obligée de tout prendre, et, par suite, assurant à la fois des agglomérations très-compactes, elle doit nécessairement, surtout dans les campagnes, essuyer des pertes irréparables ; car, assureurs et assurés, se trouvant frappés du même coup, ils ne peuvent venir au secours les uns des autres, et dès-lors l'assurance devient tout-à-fait illusoire (2).

72. Mais, quand le sociétaire a reconnu les charges et les dangers de sa position comme assureur, le peu d'économie et de sécurité qu'elle lui offre comme assuré, en un mot, quand il a reconnu toute la vanité de ses espérances et la gravité de l'engagement qu'il a pris, peut-il s'en dégager? Non : l'actionnaire d'une compagnie à primes fixes sait quel capital il engage; il ne peut perdre rien de plus, et l'assuré de cette compagnie, s'il n'en est pas content, paie ses primes et se fait assurer par une autre compagnie ; il n'a plus rien à démêler avec la première et tout est fini ; mais le sociétaire d'une mutualité, pendant toute la durée de sa police, reste sans pouvoir s'y soustraire par aucun moyen, soumis à toutes les conséquences de son engagement, quelque désastreuses qu'elles puissent être, heureux encore, si, à l'expiration de sa police, et dans le délai de rigueur déterminé par les statuts, il n'a pas négligé de notifier son départ, autrement, pendant une nouvelle période de cinq, six, huit, neuf et dix ans, il est forcément replacé sous l'épée de Damoclès, car la *tacite reconduction*, sorte de surprise, véritable guet-apens, est encore une des douceurs de la mutualité (3.)

73. Mais, viendra-t-on dire, vous faites un tableau effrayant de la mutualité : rien n'est plus facile

(1) Au moyen du système des réassurances, toutes les compagnies à primes fixes ont leurs risques disséminés dans toute l'Europe.

(2) On se demandera peut-être comment, avec tant d'éléments de désorganisation, les sociétés mutuelles se forment et se soutiennent : c'est le secret de leurs directeurs, dont bon nombre se sont trouvés enrichis, quand leurs compagnies ont été ruinées.

(3) La tacite reconduction est une fiction légale (art. 1738 du code civil), ou une convention particulière en vertu de laquelle, à l'expiration d'un contrat, ce contrat reprend effet sans nouvelle convention, les parties contractantes étant réputées avoir été dans l'intention de le renouveler.

Ainsi, un bail est intervenu entre le propriétaire et le fermier pour neuf années ; à l'expiration des neuf ans, le fermier reste et est laissé en possession par le propriétaire ; celui-ci ne peut plus l'expulser qu'après une nouvelle période de neuf ans, ou qu'après la période d'usage. (Art. 1739 du code civil.)

De même, dans quelques compagnies, l'assuré qui, dans le délai de trois mois, par exemple, avant l'expiration d'une police, que nous supposons être de neuf ans, n'aura pas notifié à la compagnie son intention de cesser d'être sociétaire, se trouvera *ipso facto* réengagé pour une nouvelle durée de neuf ans.

On comprend qu'entre le propriétaire et le locataire la *tacite reconduction* puisse être sans inconvénient : pour l'un et pour l'autre le bail est chose assez importante ; ils songent assez souvent et se préoccupent assez de son expiration, pour ne pas en oublier le terme.

Pour l'assurance il en est tout autrement : l'assurance est chose de petite importance dans l'esprit de l'assuré, qui, pour l'ordinaire, est accoutumé à être sollicité par l'agent, à l'attendre pour le paiement de la prime, pour contracter ou renouveler l'assurance, et qui presque toujours se trouve surpris à l'imprévu par la *tacite reconduction*.

Il est d'ailleurs difficile et coûteux d'en prévenir l'effet.

Il faut une déclaration au siége de la société par le sociétaire ou par le porteur de procuration authentique ; or, si l'assuré que de créer des dangers et des craintes chimériques à l'aide d'hypothèses ; sans doute tout ce que vous avez dit *peut être ; mais* en fait cela *est-il ?*

74. Est-il donc vrai que, comme *assureur,* le sociétaire d'une mutualité ait jamais été frappé de contributions anormales? Est-il vrai que, comme *assuré,* il n'ait été indemnisé qu'en partie ou qu'il ne l'ait pas été dutout? Est-il vrai que les sociétés mutuelles ne puissent se soutenir et n'aient qu'une existence éphémère?

75. A chacune de ces questions nous pouvons hardiment répondre *oui.*

76. Ainsi le *minimum* des primes fixes est de 20 centimes p. °/₀₀; le *maximum,* de 20 francs, et la *moyenne* est de fr. 4 p. °/₀₀, et l'on a vu des mutualités élever leurs répartitions jusqu'à 50, 100 et 150 p. °/₀₀ (1), c'est-à-dire que le sociétaire qui avait fait assurer cent mille francs a dû payer quinze mille francs de contributions!......

77. Or, nous le demandons, de pareilles contributions ont-elles pû être payées rondement, promptement par les *sociétaires assureurs?* l'ont-elles été par tous? Non, sans doute ; aussi la plupart des *sociétaires assurés* n'ont-ils pas été indemnisés, ou ne l'ont-ils été qu'en partie et après de longs débats.

78. On a vu tomber successivement presque toutes les mutualités qui s'étaient établies dans les diverses parties de la France, et, pour cela, il a suffi d'un incendie de quelque importance ; nous n en citerons que quelques-unes : la mutualité des départements de Meurthe, Meuse, Vosges et Moselle, la mutualité de l'Ain, celle de l'Aisne, celle de la Somme, celle du Pas-de-Calais, et tout dernièrement enfin la Dijonnaise, dont la chute eut un si long et si douloureux retentissement (2).

79. Nous nous arrêtons. Nous croirions d'autant plus superflu d'insister que, généralement, vous trouverez le public justement prévenu contre la mutualité dont il a fait une si triste expérience (3).

demeure à quarante, cinquante kilomètres du siége de la société, il ne peut raisonnablement s'y transporter lui-même, et il lui répugne de payer les frais d'une procuration notariée ou d'une notification d'huissier.

Mais, ce qui est un abus véritablement criant, et malheureusement très-commun, c'est que l'assuré se déplace, il vient au siége de la société, fait la déclaration de déport, et on lui *répond que c'est bien ;* il croit s'être mis en règle, et il est tout étonné de se trouver réengagé ; il allègue s'être déporté, il se plaint, il menace ; mais il ne peut fournir de preuves, et force lui est de subir un nouvel engagement de six, huit, dix ans. N'est-ce pas une véritable torture pour l'assuré, surtout s'il sait que sa compagnie est dans une position fâcheuse ?

Il serait désirable que le Gouvernement ouvrît les yeux sur les abus de la *tacite reconduction* en matière d'assurances et prît des mesures pour les réprimer.

(1) La Mutualité P. A. C. I. opérant dans les départements de l'Oise, Seine-et-Oise et Seine-et-Marne.

(2) Les mutualités allemandes et américaines n'ont pu résister aux incendies de Hambourg, de New-Yorck et de Quebec. Elles ont toutes succombé sans pouvoir payer les sinistres. Les sociétés anonymes, à l'exception d'une seule, ont résisté et ont rempli leurs engagements.

(3) Cependant il est encore un inconvénient que nous avons omis de signaler.

Souvent la mutualité est circonscrite, non-seulement quant aux lieux, mais aussi quant au genre de ses opérations ; ainsi telle mutualité n'assure que les immeubles, telle autre assure les valeurs mobilières, telle autre les établissements industriels, d'où il suit que l'assuré qui aura, par exemple, un établissement industriel, une maison et un mobilier à Lille, un établissement

CHAPITRE IV.

LES COMPAGNIES DE PARIS ET LE NORD.

———————

80. Vous avez convaincu le public de l'utilité, de la nécessité de l'assurance, et vous lui avez démontré que les sociétés anonymes doivent être préférées aux mutualités : il ne vous reste plus qu'à le décider en faveur de la Compagnie LE NORD.

81. Avant tout, répétons franchement ce que nous avons déjà dit : chacune des compagnies anonymes actuellement existantes offre des garanties suffisantes à l'assuré; toutes ont intérêt à bien gérer, à bien payer, afin de conserver et d'accroître leur crédit et leur clientèle ; il ne saurait donc y avoir, à proprement parler, des motifs de préférence exclusive pour l'une plutôt que pour l'autre, et il suffit que LE NORD offre autant de garanties que les autres compagnies, pour qu'il puisse avoir avec elles sa place au soleil : car nous ne devons ni ne pouvons avoir la prétention, même dans telle ou telle localité, de tout monopoliser, de tout envahir ; il faut que tout le monde vive, et nous avons vu qu'il y a largement à vivre pour tout le monde ; nous ne voulons ni exclure ni être exclus ; mais la concurrence est souvent ardente, injuste (1) ; elle ne sera pas toujours indulgente et fraternelle, et nous devons vous prémunir contre les assauts qu'elle est dans l'habitude de nous livrer. Nous allons donc parcourir la série des motifs d'exclusion qu'elle fait valoir contre nous. De cet examen vont ressortir, en même temps et naturellement, les avantages que LE NORD peut avoir sur ses concurrents.

82. En passant, nous vous devons une observation : Dans les attaques dont notre compagnie pourrait être l'objet, s'il y avait diffamation caractérisée, vous devriez nous avertir, parce qu'il serait de notre dignité de ne pas la laisser impunie; mais, en général, nous vous recommandons de ne pas trop vous préoccuper, de ne pas trop vous inquiéter des petits *cancans*, des petits *mensonges* que les agents des autres compagnies sèmeront sur votre passage : leur malveillance, loin de vous nuire, vous secondera ; elle fera connaître la compagnie à ceux qui n'en

---

industriel, une maison et un mobilier à Strasbourg, s'il veut entrer dans la mutualité, devra s'engager dans six compagnies différentes ; embarras, complications, frais qu'il évite en s'adressant à une seule compagnie à primes fixes, qui, par une même police, assure partout toutes les valeurs assurables d'un même assuré.

(1) Surtout parmi les sous-agents.

auraient pas encore entendu parler ; le mal qu'on en aura dit fera que le public s'en occupera ; on discutera, on prendra des informations, et comme elles ne pourront manquer de nous être favorables, on viendra d'autant plus volontiers à vous qu'on s'éloignera avec plus de répugnance de nos détracteurs. La haine de nos ennemis est souvent le marche-pied de notre fortune.

83. Vous entendrez faire au Nord ces reproches d'une nature banale (que les agents des diverses compagnies se renvoient les uns aux autres), que nous ne payons pas les sinistres, ou que nous les payons mal, ou que nous les payons trop bien, ou que nous faisons de la concur-rence au rabais, ou bien au contraire que nos primes sont trop élevées.

84. Quand ces accusations sont vagues, le mieux, peut-être, est de ne pas y répondre, ou de sommer d'articuler des faits, et, quand un fait est précisé, il suffit de le démentir ; mais il est des hommes avec lesquels il faut tout discuter.

85. A ceux qui diront que nous ne payons pas les sinistres ou que nous ne les payons pas bien, vous répondrez que jusqu'aujourd'hui nous avons soutenu quatre procès, et que nous avons réglé et payé sans contestation, sans difficulté, *trois cent trente-sept sinistres* d'une valeur ensemble de plus *de cinq cent mille francs.*

86. A ceux qui diront que nous payons *trop bien*, vous demanderez si ce reproche étonnant, souvent reproduit, n'aurait pas pour seule cause la comparaison avec les compagnies qui auraient payé *trop mal*.

87. A ceux qui diront que nous faisons de la concurrence au rabais, vous répondrez en mon-trant vos polices, consenties régulièrement aux primes du tarif.

88. A ceux qui diront qu'elles sont trop élevées, vous répondrez que la compagnie veut vivre et tenir ses engagements, et que, pour vivre et tenir ses engagements, il faut maintenir ses primes à un taux qui fournisse assez pour payer les sinistres, et vous rappellerez ce qui est advenu aux compagnies à bon marché et aux assurés qui se sont frottés à ces compagnies. (Art. 45 , 226 et suiv.)

89. Les objections en apparence plus sérieuses qui pourront être élevées sont que nous sommes une petite compagnie au petit capital, que nous couvrons de trop gros risques, et que notre siége est en province.

90. Toute compagnie a été petite avant d'être grande, et la nôtre, qui n'a que deux ans d'existence comme compagnie d'assurances générales, marche de manière à faire espérer qu'elle ne tardera pas à devenir l'égale de la plupart des compagnies de Paris (1). Elle grandit insensiblement, presque à son insu, et, pour ainsi dire, malgré elle ; presque toujours elle attend plutôt ses agents qu'elle ne va les chercher ; elle ne s'est pas jetée à l'étourdie dans la folle exploitation de tous les coins de la terre ; elle s'avance pas à pas, à la mesure de ses forces et de ses moyens ; elle étend

(1) Notre capital social est intact ; presque tous les ans nous avons distribué des dividendes et nous avons une réserve. Toutes les compagnies de Paris sont-elles dans une position aussi favorable ?

ses pacifiques conquêtes sans heurter ses voisins, sans compromettre son capital en extravagantes et infructueuses dépenses.

91. Ce capital est modeste, il est vrai, mais il est en bonne proportion avec le chiffre de nos opérations. Comme toutes les compagnies, nous couvrons de gros risques ; mais, comme toutes les autres compagnies aussi, nous nous déchargeons de notre trop plein en le faisant réassurer, et, sur chaque risque, la prudence ne nous fait conserver qu'un *maximum* (1) également en proportion avec notre capital (2).

92. Avec ces précautions, avec une sage distribution des risques, qu'importe le chiffre du capital social, quand d'ailleurs, comme c'est le cas pour LE NORD, les primes annuelles suffisent et au-delà pour le paiement des sinistres ? Rien ne nous empêchera plus tard d'accroître, s'il y a lieu, notre capital ; la compagnie d'assurances générales, l'une des plus anciennes et des plus puissantes compagnies de Paris, a commencé comme nous avec un capital de deux millions, et elle couvre aujourd'hui près de quatre milliards de valeurs.

93. Mais le siège de notre compagnie est en province : c'est une objection singulière, et cependant très-souvent reproduite. Nous devons l'avouer, nous n'avons jamais pu en comprendre la valeur. Souvent il doit y avoir méprise ou confusion ; on nous confond avec les compagnies locales, dont la circonscription limitée, ainsi que nous l'avons reconnu, a ses inconvénients et ses dangers, et l'on oublie que nous étendons nos opérations à toute la France et à l'étranger.

94. L'objection pourrait se comprendre encore si les moyens de transport étaient lents, difficiles et coûteux ; mais, grâce aux chemins de fer, Lille n'est plus qu'à sept heures de Paris, et, grâce à la réforme postale, Lille paie pour Brest ou Marseille, comme pour Valenciennes ou Cambrai.

95. Cette objection, ou plutôt cette prévention, ne peut donc s'expliquer que par cette habitude de centralisation parisienne qui, en industrie, comme en politique, et au grand détriment du pays, tend à tout engouffrer. — En serait-il des polices comme des modes ? seraient-elles moins bien façonnées à Lille qu'à Paris ? Est-ce que les primes y sont plus chères, les sinistres moins bien réglés ?

96. L'on n'aurait pas confiance dans notre compagnie, parce qu'elle est en dehors de ce foyer toujours incandescent d'émeutes et de révolutions ? parce qu'elle n'est pas torturée par ces crises financières qui ruinent les établissements les plus florissants ? parce qu'elle ne se laisse pas

---

(1) Le *maximum* ou *plein* est le chiffre de valeur qu'une compagnie *peut* ou *veut* conserver sur un même risque.

La *réassurance* ou l'*application* est l'acte par lequel la compagnie fait assurer par une autre compagnie l'excédant de ce *maximum* ou *plein*.

L'*application* est le fait de la compagnie qui fait réassurer.

La *réassurance* est le fait de la compagnie qui réassure.

Il ne faut pas confondre la *réassurance* avec la *co-assurance* ou *assurance* en participation, acte par lequel plusieurs compagnies couvrent simultanément et directement un même risque, chacune dans une proportion déterminée.

(2) Nous dirons presque, qu'à cet égard, la prudence du conseil d'administration est excessive.

entraîner à ce luxe d'administration qui les mine? parce qu'elle n'est pas en contact avec cet esprit aventureux et de rouerie qui s'infiltre de plus en plus dans les transactions de la capitale? On n'aurait pas confiance dans notre compagnie, parce qu'elle a été plantée dans un des plus riches pays de l'Europe, dans la terre classique de l'agriculture, du commerce et de l'industrie? parce qu'elle a son siége dans une ville dont la sagesse est devenue proverbiale, dans une ville la plus solidement riche de la France, dans une ville qui a traversé toutes les catastrophes politiques et industrielles sans voir son crédit amoindri, quand Paris ployait sous le poids des faillites? On n'aurait pas confiance dans LE NORD, parce que ses actionnaires sont, non des hommes d'intrigue ou des hommes de paille, mais de bons propriétaires, de bons négociants bien solides, bien connus, bien famés?

97. On n'aurait pas confiance dans LE NORD parce que la prudence flamande préside à tous ses actes, l'économie flamande à toutes ses dépenses, la loyauté flamande à toutes ses transactions.

98. Ce sont là, il faut en convenir, des préventions puériles, irréfléchies, qui ne sauraient tenir contre le moindre examen, et, après les considérations que nous venons de passer en revue, il vous sera facile de faire comprendre de quel côté doit pencher la balance.

99. Mais le principal motif de préférence à faire valoir en faveur de notre compagnie, c'est que vous la représentez; en effet, assez généralement, on s'informe moins de la société que de l'homme qui la représente; beaucoup de gens disent non pas : je suis assuré *par telle compagnie*, mais je suis assuré par *Monsieur un tel*. La considération dont jouit l'agent, la confiance qu'il inspire, sa position sociale, sa famille, ses amis, son entourage, contribuent à lui acquérir une clientèle, mieux que ne sauraient le faire la solidité, la moralité, les précédents et la réputation de la compagnie la mieux posée. Aussi est-ce un adage, en langage d'assurance, que *l'agent fait la compagnie*.

100. Et puis aussi, le public comprend qu'une bonne compagnie ne veut être représentée que par des hommes honorables, et que des hommes honorables ne veulent représenter que de bonnes compagnies.

101. A ce double titre, Messieurs, vous avez toutes les chances de succès, car il n'est pas de compagnie dont le personnel actionnaire et administratif au-dedans offre plus de garanties, et qui soit au-dehors plus honorablement représentée que ne l'est la Compagnie LE NORD.

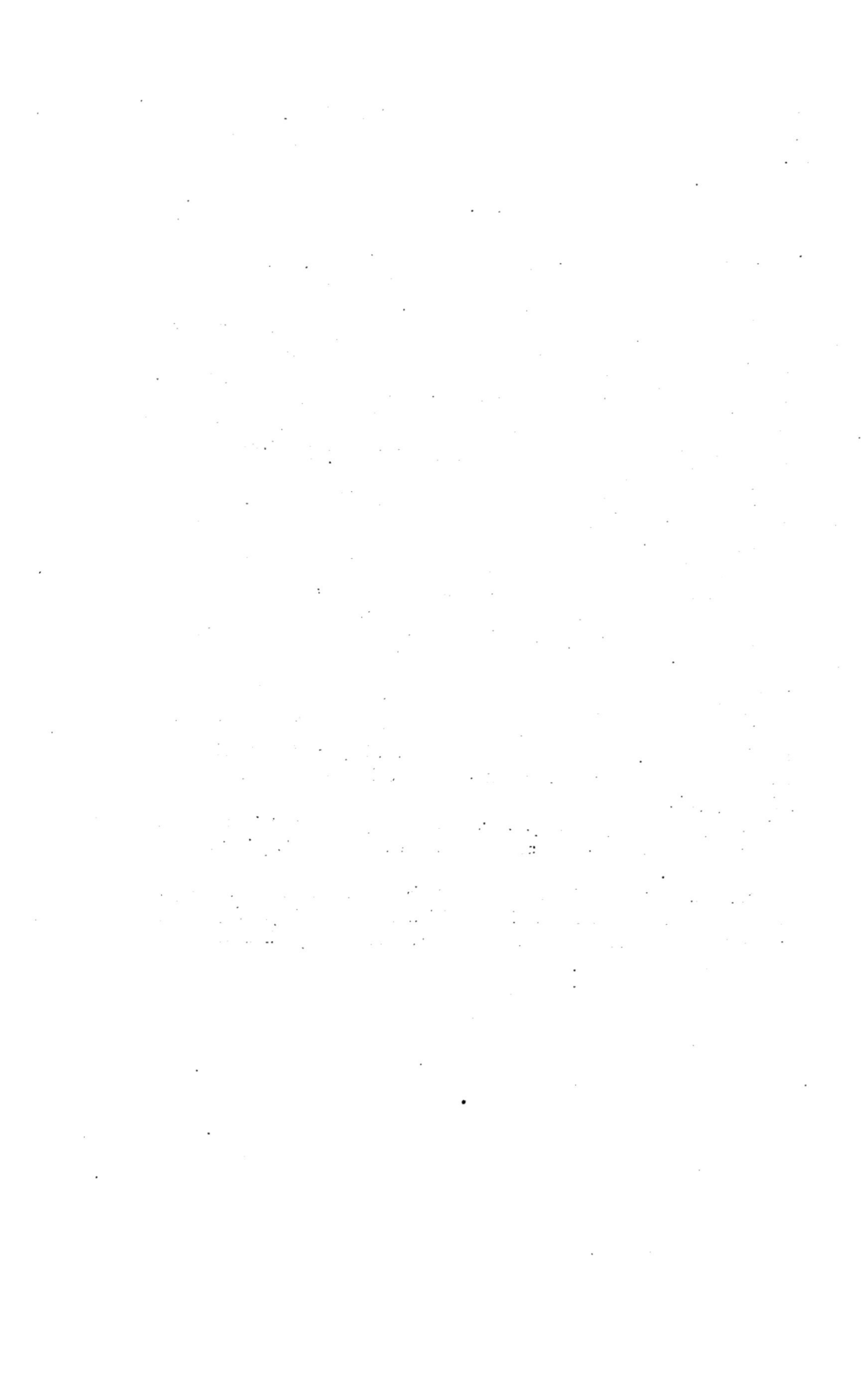

DEUXIÈME PARTIE.

ORGANISATION DE L'AGENCE ET DES SOUS-AGENTS; — RELATIONS DE L'AGENT PRINCIPAL
AVEC LES SOUS-AGENTS.

---

102. Dès que vous avez reçu votre brevet (1) d'agent principal, vous avez à vous occuper
de l'organisation de votre agence, en ce qui vous concerne personnellement, et relativement
aux sous-agences.

103. En ce qui vous concerne personnellement, vous commencez par faire placer à votre porte,
votre plaque d'agence, puis vous faites insérer dans les journaux de la localité le prospectus
de la compagnie, et un avis annonçant que vous la représentez dans tel ou tel arrondissement,
dans tel ou tel département, indiquant exactement vos nom, prénoms, profession et demeure. Si,
à cette simple insertion, à ce simple avis, vous croyez devoir ajouter des articles de réclame,
vous voudrez bien auparavant nous les communiquer.

104. Ces publications sont à la charge de la Compagnie (2); elles ne pourront être renouvelées
plus de trois fois sans autorisation de la direction centrale.

105. En même temps vous faites placarder des affiches à l'hôtel-de-ville, au tribunal, à
l'église et autres lieux les plus fréquentés de la ville, et vous en appendez dans les cafés, les

---

(1) Voir modèles N.os 1 et 2.

(2) Voir modèle N.o 1.

4

estaminets, les cabarets, les bureaux de messagerie, dans les études des notaires, des huissiers, etc., et vous faites distribuer des prospectus partout où vous présumez qu'ils peuvent produire effet.

106. Ces frais d'affixion et de distribution sont également à la charge de la Compagnie (1).

107. Vous devez aussi, soit seul, soit accompagné d'un inspecteur de la compagnie, visiter les autorités et les notabilités de la localité, et leur demander leur concours et leur appui.

108. Vous avez ensuite à vous occuper de trouver des sous-agents. A cet égard nous avons à vous signaler deux excès, dont vous devrez également vous garder.

109. Il est des agents principaux qui, dans la conscience de leur zèle et de leur activité, ou dans la crainte d'avoir à partager leurs bénéfices, veulent tout faire par eux-mêmes; il en est d'autres, au contraire, qui ne font rien, et attendent tout de leurs sous-agents. Nous devons dire aux uns comme aux autres qu'ils ne réussiront pas, ou qu'ils n'obtiendront que de minimes résultats. Il faut que l'agent principal compte sur lui-même plus que sur tout autre; il faut qu'il travaille beaucoup, fasse beaucoup de démarches, et, s'il veut que ses sous-agents obtiennent beaucoup d'assurances, il faut qu'il leur donne l'exemple, et en obtienne beaucoup lui-même; mais il faut, en même temps, qu'il se persuade bien que, seul, il ne peut tout faire. Il ne saurait être partout à la fois; pendant qu'ici il prépare une affaire, là, une autre lui échappe; toujours haletant, il se consumera vainement en courses et en démarches infructueuses. Quant aux bénéfices, qu'il se persuade bien aussi que de vingt assurances qui lui seront apportées par le sous-agent, il n'en aurait pas fait deux lui-même. C'est donc un bénéfice clair et facile qu'il n'aurait pas réalisé s'il n'avait pas été secondé.

110. Il faut donc nécessairement que vous vous assuriez le concours de bons sous-agents. C'est un choix qui n'est pas toujours facile, et qui demande une grande circonspection, car la compagnie ne connaît pas et ne veut pas connaître vos sous-agents; elle ne connaît que vous et ne veut connaître que vous; vous seul signez les contrats; vous seul correspondez avec la direction centrale, vous seul êtes moralement et pécuniairement responsable de tous les actes de votre agence, soit qu'ils émanent de vos sous-agents, soit qu'ils émanent de vous directement.

111. D'un autre côté, si votre intérêt, comme celui de la compagnie, est de réaliser un grand nombre d'affaires, il intéresse beaucoup plus de n'en réaliser que de bonnes. Plus tard nous aurons occasion d'insister sur ce point capital (art. 127 et suiv.): nous ne faisons que l'indiquer ici pour vous faire comprendre combien il importe que vos sous-agents soient prudents et honnêtes. Sur le terrain des assurances les intérêts de l'agent semblent se séparer de ceux de la compagnie; car, quand la compagnie perd, l'agent n'en a pas moins gagné, puisqu'il a perçu sa commission sur les mauvaises comme sur les bonnes affaires (2). Trop souvent les compagnies ont vu leurs

---

(1) Voir modèle N.º 1.

(2) En définitive, l'agent qui calcule sagement doit reconnaître qu'en faisant de mauvaises assurances il perd plus qu'il ne gagne : le discrédit s'établit, les clients s'éloignent, et l'agent tombe avec sa compagnie dans la ruine où il l'a entraînée : mais il y a tant de gens qui vivent au jour le jour, sans souci du lendemain !

intérêts et leur crédit compromis par la cupidité, l'indélicatesse, ou même seulement par l'ardeur indiscrète de ces courtiers infimes, véritables brasseurs d'assurances, dont les débuts sont quelquefois séduisants, mais qui ne tardent pas à laisser aux compagnies le regret amer d'avoir eu recours à leur désastreuse intervention.

112. Enfin, vous devez considérer que vos sous-agents n'auront pas seulement à vous procurer des assurances, vous devrez presque toujours les charger de l'encaissement des primes, et, s'ils sont infidèles, ils peuvent faire peser sur vous une responsabilité ruineuse.

113. Ainsi prenez soin de ne vous entourer que d'hommes dont le caractère, les précédents et la réputation vous offrent toute sécurité.

114. Mais la probité, la prudence, la considération, ne sont pas les seules qualités désirables dans un sous-agent ; il faut aussi qu'il ait de la finesse pour éventer les pièges que lui tendra la mauvaise foi ; de l'activité, pour rechercher, solliciter, enlever les affaires ; de la patience, du courage et de la persévérance pour retourner dix fois dans la même maison, pour réfuter dix fois les mêmes objections, pour combattre les répugnances ou les prétentions les plus déraisonnables ; enfin pour lutter contre une concurrence nombreuse, ardente, et qui n'est pas toujours exempte d'indélicatesse dans les moyens.

115. Quelque rares que soient de pareils hommes, vous en trouverez cependant, selon les besoins, à tous les échelons de l'échelle sociale, surtout maintenant que la chute ou la fusion d'un grand nombre de compagnies laissent sans emploi les nombreux agents qui travaillaient pour elles.

116. C'est surtout parmi eux que vous pourrez faire vos recrues. Vous pourrez aussi confier votre mandat aux maires et aux percepteurs des communes, aux secrétaires des mairies, aux huissiers, aux greffiers des justices de paix, aux clercs de notaires, aux officiers et sous-officiers en retraite, etc.

117. Mais, si vous ne trouvez pas de suite des hommes tels que vous devez les désirer, ne vous hâtez pas ; nous vous recommandons de presser le plus possible l'organisation de vos sous-agences ; nous vous recommandons encore plus de ne pas en faire une affaire de pure forme. Peut-être vaut-il mieux organiser petit-à-petit, en rayonnant successivement autour de vous, que d'organiser immédiatement sur tous les points jusqu'aux dernières limites de votre circonscription. Peut-être vaut-il mieux, en quelque sorte, attendre les sous-agents que d'aller les chercher. Cela dépend des localités et des circonstances, et c'est ce que vous saurez apprécier ; mais vous devrez n'admettre qu'avec une certaine réserve et après de scrupuleuses informations, ceux qui viendront offrir leurs services avec trop d'empressement.

118. Il y a des sous-agents de deux sortes ; les uns ambulants, les autres sédentaires : les premiers sont ordinairement plus actifs, mais moins sûrs. Quand ils seront honnêtes, leur concours pourra vous être très-utile.

119. Il sera convenable que vous ayez un agent sédentaire au chef-lieu, ou dans une des principales communes de chaque canton.

120. Ne comptez pas que vous pourrez vous arrêter au premier choix ; ce serait une illusion : il est telle localité où vous serez obligés de changer plusieurs fois l'agent, soit qu'il vous mécontente, soit qu'il se décourage, ce qui arrive le plus souvent. C'est une raison de plus pour bien mûrir votre choix, car les mutations fréquentes discréditent les compagnies ; mais ce choix une fois fait, soyez patients, et sachez attendre : n'exigez pas que vos sous-agences vous donnent immédiatement des résultats ; il faut du temps pour former une clientèle.

121. Il n'est pas nécessaire que vos sous-agents soient des hommes lettrés. S'ils savent lire, écrire, faire les quatre règles de l'arithmétique, et s'ils connaissent bien leur tarif, cela suffit, puisque leurs fonctions administratives se bornent à formuler les propositions et à faire les recettes (1).

122. Avant de vous mettre en rapport avec eux, vous aurez étudié les instructions dans toutes leurs parties et d'une manière approfondie, en sorte que vous serez en mesure de leur apprendre tout ce qu'ils doivent savoir (2).

123. On nous demande souvent quelle part doit être faite aux sous-agents dans les émoluments de l'agent principal : nous pensons que vous devez leur faire cette part large, afin de stimuler leur zèle et de rémunérer leurs services suffisamment et de manière à ce qu'ils trouvent un avantage à travailler pour vous, et puis aussi parce que, comme nous l'avons dit plus haut, quelque minime que soit le bénéfice que l'agent principal réalise sur chaque affaire apportée par le sous-agent, ce bénéfice devient important par le nombre (3), et il n'a causé ni démarches ni frais. Ce ne sera donc pas trop que d'allouer à vos sous-agents les trois quarts, les deux tiers, ou tout au moins la moitié de votre commission d'assurance et de votre commission de recette. Si vous leur précomptez la commission d'assurance, vous aurez soin, pour ne pas être en perte, d'agir vis-à-vis d'eux comme nous agissons nous-mêmes vis-à-vis de vous à cet égard, en ce qui concerne la ristourne en cas d'annulation ou de résiliation de la police ou de diminution de la prime. (4)

---

(1) Voir modèles N.os 3 et 4.

(2) Plus tard, si cela est reconnu nécessaire, nous ferons imprimer de petites instructions pour les sous-agents.

(3) Napoléon disait souvent que les liards font des millions.

(4) Voir 4.e partie, titre II, chapitre II, articles 339 et suiv.

TROISIÈME PARTIE.

RELATIONS DE L'AGENT AVEC L'ASSURÉ AVANT LE CONTRAT, PENDANT LA DURÉE
DU CONTRAT ET A L'EXPIRATION DU CONTRAT.

TITRE I.er

Avant le contrat.

CHAPITRE I.er

CE QU'IL FAUT FAIRE POUR OBTENIR DES ASSURANCES, ET DES PRÉCAUTIONS A PRENDRE
POUR NE RÉALISER QUE DE BONNES ASSURANCES.

124. Nous avons dit ce que vous et vos sous-agents devez faire pour propager la connaissance, le goût et l'usage des assurances, et pour préconiser notre compagnie ; mais, pour vous faire une clientèle, cela ne saurait suffire : l'assurance est une marchandise qui, pour l'ordinaire, doit être colportée. Plus tard, les clients pourront venir vous trouver ; mais il faut commencer par aller les chercher ; nous vous engageons donc, vous et vos sous-agents, à procéder méthodiquement dès les premiers moments de votre installation ; non seulement, comme nous l'avons

dit, vous devez visiter les autorités et les notabilités de chaque localité, mais vous devez, pour ainsi dire, passer en revue toutes les personnes et toutes les valeurs assurables ; si la personne visitée n'est pas assurée, vous l'inviterez à se donner cette sécurité, et vous vous rappellerez alors tout ce que nous vous avons recommandé de dire en pareille circonstance (1) ; si, au contraire, la personne est déjà assurée par une autre compagnie, vous direz tout ce qu'il faut dire pour lui faire préférer la nôtre (2), et vous la prierez de vous donner la date de l'extinction de sa police, afin de revenir la voir en temps utile, c'est-à-dire quelques mois ou tout au moins quelques semaines auparavant. Il sera bon que vous ayez un carnet sur lequel vous noterez toutes les dates d'extinctions, et que vous consultiez souvent ce carnet, pour vous rappeler les assurances qui peuvent être réalisées telle année, tel mois, tel jour.

125. Il faut savoir aussi profiter en temps utile, et avant que la concurrence vous ait devancé, des occasions que vcus présenteront les nouvelles constructions, l'établissement des nouvelles usines et des nouveaux magasins, les mutations de propriétaires et de locataires. A cet effet, il faut parcourir souvent la ville et la campagne, et passer en revue les diverses annonces dans les journaux de la localité.

Enfin, il sera bon de vous mettre en relations avec toutes les personnes en position de vous procurer des assurances : les notaires, les huissiers, les architectes, les entrepreneurs de bâtiments, les maçons, les charpentiers, les courtiers, etc.

126. C'est surtout à l'occasion d'un sinistre que vous aurez à déployer toute votre activité : dans cette circonstance, elle ne sera jamais infructueuse si vous savez mettre à profit les premiers moments où les esprits sont encore sous l'impresssion que laissent les funestes résultats de l'incendie.

127. Mais ce n'est pas tout que de faire beaucoup d'affaires, il importe surtout d'en faire de bonnes, et de n'en pas faire de mauvaises : à cet égard, il faut considérer les personnes et les choses.

128. En ce qui concerne les personnes, nous vous recommandons la plus grande circonspection dans le discernement à faire des assurés : vous ne devez traiter qu'avec les gens d'une moralité bien établie. Ainsi vous ne devez pas assurer les gens de mauvaise vie ou de mauvaise foi, les banqueroutiers, les contrebandiers, les fous, les ivrognes, les gens violents ou querelleurs, qui peuvent être honnêtes ; mais qui, par leur malheureuse humeur s'attirent d'implacables inimitiés, et vous vous abstiendrez surtout d'assurer ceux qui auraient déjà été l'objet de menaces ou d'attentats incendiaires.

129. Vous n'assurerez pas non plus les gens dont la conduite et la probité peuvent d'ailleurs être irréprochables, mais à qui leur position de fortune paraîtrait ne pas devoir permettre de

(1) Art. 50 et suivants.
(2) Art. 80 et suivants.

maintenir leurs engagements pendant toute la durée de la police, et qui, après avoir payé la prime de la première année, pourraient se trouver dans l'impossibilité de la payer les années suivantes. L'assurance de ces personnes cause aux compagnies et à leurs agents des mécomptes qui déjouent toutes leurs prévisions, et des embarras d'où ils ne sortent qu'à l'aide de frais ruineux.

130. En ce qui concerne les choses, il en est que vous ne devez pas assurer dutout; il en est que vous ne devez assurer qu'avec l'autorisation de la direction centrale; il en est que vous ne devez assurer qu'avec certaines restrictions; il en est que vous ne devez assurer qu'avec certaines précautions; il en est enfin que vous devez assurer de préférence aux autres.

131. La nomenclature des risques dont l'assurance est interdite a été tracée dans les statuts, art. 4, et dans les conditions générales de la police, art. 2. Ce sont : 1.º les fabriques, magasins et dépôts de poudre à tirer, et les fabriques, magasins, dépôts de matières analogues, telles que le fulmi-coton, les allumettes chimiques, etc.; 2.º les billets de banque, titres, contrats, lingots et argent monnoyé; 3.º les diamants, pierreries et perles fines.

132. Il y a cependant exception à cette prohibition pour les art. 1 et 3. Ainsi un débit de poudre réuni à un débit d'épiceries, quincailleries, ou autres, ne devra pas être un obstacle à l'assurance, pourvu que le plus grand approvisionnement ne dépasse pas quinze à vingt kilogrammes, et, dans ce cas, la prime devra être double de la prime applicable au risque auquel le débit de poudre est réuni.

133. De même, les diamants, pierreries et perles fines ·pourront être assurés quand ils seront montés et qu'ils feront partie d'un mobilier personnel ou d'objets déposés dans des établissements publics, tels que les monts-de-piété et autres, en un mot quand ils ne seront que l'accessoire du principal.

134. Les risques que vous ne devez assurer qu'avec l'autorisation de la direction centrale sont :

1.º Toutes choses formant un seul risque simple (1), sur lequel notre compagnie devrait couvrir plus de deux cent mille francs; 2.º toutes choses formant un seul risque industriel (2), sur lequel notre compagnie devrait couvrir plus de cent mille francs; 3.º tout établissement industriel en chômage ou en liquidation; 4º tout risque qui n'est pas compris aux tarifs ou qui n'y est compris que sous la réserve de conventions spéciales; 5.º les forêts, les charbons de terre, et tous autres risques qui vous auront été désignés par des instructions particulières. (Art. 188.)

135. Dans tous ces cas votre proposition à la direction centrale devra être accompagnée d'une note détaillée conforme au modèle N.º 7.

(1) Voir art. 2, 156 et suivants.

(2) Aux termes des statuts, art. 5, le *maximum* sur un seul risque peut être de trois cent mille francs; mais le *maximum* de prudence n'atteint jamais le *maximum* légal.

136. Les risques que vous ne devez assurer qu'avec de certaines restrictions, sont les risques ruraux, tels que les bâtiments couverts en bois, paille ou chaume, les récoltes en meules et les moulins en bois mus par le vent.

137. Vous ne devez pas assurer, pour une valeur excédant vingt-cinq mille francs, les bâtiments couverts en bois, paille ou chaume formant un seul risque, et dans une même commune, vous ne devez pas assurer plusieurs risques de cette nature et de cette importance, s'ils ne sont séparés les uns des autres par une distance de trente mètres au moins.

138. En général, dans les campagnes, n'assurez pas plus de deux ou trois maisons contiguës, et, entre chaque agglomération de bâtiments assurés par notre compagnie, laissez un espace de vingt-cinq à trente mètres vide ou rempli par des bâtiments non assurés, ou assurés par d'autres compagnies.

139. Vous ne devrez assurer les récoltes en meules, qu'autant que le propriétaire aura fait assurer déjà, ou fera assurer en même temps, ou s'engagera à faire assurer prochainement par notre compagnie, toutes ses autres valeurs ou une partie notable de ses autres valeurs. Vous aurez soin, en outre, de ne jamais assurer plus de deux mille francs sur chaque meule, et de ne pas assurer plusieurs meules ensemble, si elles ne sont séparées des bâtiments, et séparées les unes des autres par une distance de trente mètres au moins.

140. Dans beaucoup de campagnes on est dans l'usage de placer les meules si près les unes des autre, que, si le feu prend à l'une, toutes doivent nécessairement être incendiées. Vous appellerez l'attention de la police rurale sur cette mauvaise habitude, et, surtout aux approches de la moisson, vous ferez tous vos efforts pour faire adopter une meilleure disposition.

141. En ce qui concerne les moulins à vent en bois, comme les récoltes en meules, vous ne devez les assurer qu'autant que le propriétaire aura fait assurer ou fera assurer ses autres valeurs par notre compagnie, et encore, vous n'assurerez le moulin que pour moitié de sa valeur vénale au jour de l'assurance, et sans que jamais, en tout cas, cette valeur puisse excéder trois mille francs.

142. Les risques que vous devez assurer avec précaution sont ceux que l'assuré, même honnête, peut avoir intérêt à voir détruire, ou à la destruction desquels il doit au moins être indifférent, parce que, naturellement, il exerce une moindre surveillance ; tels sont les constructions vieilles et délabrées, les constructions inhabitées, les constructions qui ne sont pas dans l'alignement et qu'il n'est pas permis de réparer, les constructions sur le terrain d'autrui, surtout quand elles doivent tomber prochainement dans le domaine du propriétaire, les constructions dont l'occupeur n'est qu'usager ou usufruitier, et dont l'usage ou l'usufruit doit prochainement expirer.

143. Enfin, vous mettrez une grande circonspection dans l'assurance des valeurs flottantes, telles que les récoltes ou les marchandises dont l'importance, aujourd'hui considérable, peut demain, par l'écoulement, être réduite à rien.

144. Nous bornons ici nos recommandations ; les autres précautions qu'il y aurait à prendre vont se trouver naturellement indiquées dans l'examen que nous allons faire des classifications des primes du tarif et des conditions de la proposition et de la police.

145. Vous pouvez donc assurer hardiment sans autorisation tout ce qui ne fait pas l'objet des restrictions qui précèdent ou de celles qui pourront se trouver éparses dans la suite de ces instructions. Toutefois, nous vous engageons à nous consulter dans les affaires importantes, ou quand vous vous trouverez embarrassés, surtout si le retard ne doit point préjudicier à la conclusion de l'affaire.

Mais avant de réaliser l'assurance d'un établissement industriel , vous lirez attentivement la série de questions qui font l'objet du modèle N.° 7 , afin de pouvoir prendre tous les renseignements indiqués ; s'ils ne sont pas favorables, vous ne ferez pas l'assurance , ou vous ne la ferez qu'après avoir consulté la direction centrale.

S ils sont favorables et que vous deviez ou désiriez consulter la direction centrale au préalable , vous formulerez une proposition comme à l'ordinaire et vous fournirez ensuite tous les renseignements obtenus , conformément aux indications du modèle N.° 7.

146. Mais parmi les risques qu'il vous est facultatif d'assurer, il en est que vous devez vous attacher à assurer de préférence aux autres : ainsi vous devez préférer en général les risques qui offrent le moins de danger à ceux qui en offrent le plus ; la brique ou la pierre au bois ou au torchis, et la tuile ou l'ardoise au chaume ou à la paille ; l'habitation du rentier à l'établissement industriel.

147. Les meilleurs risques sont les édifices publics , soit départementaux , soit diocésains ou religieux, soit communaux, comme les préfectures, palais-de-justice, prisons, casernes, évêchés, séminaires, églises, couvents, mairies, presbytères, halles, colléges, écoles, salles d'asile, biens d'hospice, etc. ; outre que l'assurance de ces édifices, généralement bien construits et bien surveillés, offre peu de dangers, elle a cet autre avantage qu'elle recommande puissamment la compagnie aux yeux du public. Les compagnies attachent un si grand prix à ces assurances, que, pour les obtenir, elles sont dans l'usage de faire des concessions sur les primes ordinaires. Le cas échéant, vous nous trouverez disposés à faire les mêmes concessions. Lorsque vous ne pourrez obtenir pour la compagnie seule l'assurance de toutes les valeurs d'un département ou d'une commune, faites en sorte, du moins, d'obtenir une part avec les autres compagnies.

148. Quelques agents ne visent qu'aux grandes affaires : c'est un tort ; ne négligez pas les petites, elles se réalisent plus facilement, et finissent par donner un chiffre très-important ; en outre, elles ont cet immense avantage qu'elles font connaître l'agent et la compagnie sur beaucoup plus de points et par beaucoup plus de monde, et très-ordinairement la réalisation d'une petite assurance amène la réalisation d'une grande.

149. Des agents nous ont souvent demandé s'ils peuvent assurer en-dehors de leur circonscription : Nous ne pouvons guère interdire une assurance exceptionnelle, telle que celle d'un ami intime, d'un parent, qui ne se fait assurer que par considération pour vous, et dont l'assurance, si elle n'était pas réalisée par vous, serait perdue pour vous et pour la compagnie; mais, en général, nous vous prions de vous en abstenir, car presque toujours ces assurances hors limites amènent entre les agents des deux circonscriptions des conflits forts désagréables pour eux-mêmes comme pour la compagnie, outre qu'elles rendent plus difficile la surveillance pour les contiguités : L'agent de la Gironde, par exemple, qui assure une maison à Bordeaux, sait fort bien que cette maison est contiguë à une autre déjà assurée par la compagnie, et il aura soin de nous en prévenir, afin que nous prenions nos mesures en conséquence; mais, s'il assure à Périgueux, il pourra ne pas savoir que le risque qu'il couvre est contigu à d'autres déjà assurés par l'agent de cette localité, et la compagnie se trouvera ainsi exposée, sans le savoir, à couvrir sur un même point des valeurs considérables et excédant son maximum.

C'est d'ailleurs un très-grand embarras pour le classement des quittances de primes et pour la comptabilité.

150. Toutes les fois donc que vous vous trouverez en position de faire, en dehors de votre circonscription, une assurance que n'aurait pu réaliser votre confrère de la localité, veuillez vous entendre avec lui pour qu'il vous fasse une remise à forfait sur sa commission, et que l'affaire reste dans son agence.

151. On nous a aussi demandé ce que l'agent doit faire quand il y a lieu à assurer ses propres valeurs ou celles de sa famille; dans ce cas, il doit se borner à rédiger les polices et les envoyer signer à la direction centrale.

CHAPITRE II.

DU TARIF.

152. Avant de vous engager dans la négociation des assurances, vous devez vous être familiarisés avec le mécanisme des primes du tarif, dont les combinaisons et la complication demandent une certaine étude, qui n'est ni longue ni difficile, mais sans laquelle vous vous exposeriez à de graves méprises dans l'application.

153. Entendons-nous d'abord sur les termes.

154. *La prime,* avons-nous déjà dit, est le prix de l'assurance, d'où la conséquence que le *taux* de la *prime* doit varier, suivant que le risque est plus ou moins dangereux.

155. Le *taux* est le plus ou le moins d'élévation de la prime pour F. 1,000 et pour la durée d'une année (1).

156. En langage d'assurance, et dans l'acception la plus large du mot, le *risque* est la chose assurée.

157. Dans un sens plus restreint, et relativement à la valeur ou à l'isolement de la chose assurée, un *risque* est pris souvent pour *un seul risque;* ainsi l'on dira que telle compagnie ne veut pas couvrir un *risque* de plus de cent mille francs, ou bien que tel établissement forme un *risque,* c'est-à-dire une réunion de choses plus ou moins dangereuses, mais présentant un tout compact; et que tel autre établissement forme deux, trois, quatre risques, c'est-à-dire des choses distinctes, isolées.

158. Enfin, relativement au tarif, on entend par *risque* la nature plus ou moins combustible, plus ou moins avariable de la chose assurée.

159. Pour donner un seul exemple des deux acceptions particulières du mot *risque,* nous dirons que, dans la première acception, une habitation et le mobilier qu'elle contient forment un *risque,* car, en cas d'incendie, il y a toute probabilité que si l'un brûle l'autre brûlera; dans la seconde acception, l'habitation forme un *risque,* et le mobilier un autre *risque,* parce que l'habitation est un *risque* moins dangereux que le *risque* du mobilier, parce que l'habitation paie une prime et le mobilier une autre prime.

160. Quoique tous les risques soient dangereux, on est convenu encore de dire *risque simple* et *risque dangereux,* pour distinguer le *risque* qui est peu dangereux de celui qui l'est davantage.

161. Le *tarif* est la nomenclature ou la classification des différentes *primes* applicables aux différents *risques.* (Modèle N.° 5.)

162. Quatre choses contribuent à modifier la prime : 1.° la nature des constructions ; 2.° la nature des valeurs mobilières; 3.° la nature de la profession exercée dans ces constructions ou de la manipulation exercée sur ces valeurs mobilières; 4.° la contiguïté d'une chose plus dangereuse que la chose même assurée ; ces différentes manières d'être font que l'objet assuré est plus ou moins exposé à l'action du feu, plus ou moins combustible, plus ou moins sujet à l'avarie.

163. Ainsi, il est évident qu'un bâtiment construit en bois, couvert en paille et voisin d'une forge, est, comparativement à une maison construite en pierres, couverte en ardoises et isolée, non-seulement plus exposé à l'action du feu, mais aussi plus combustible et plus avariable, puisque, si le feu prend à l'un et à l'autre, le premier sera entièrement consumé, tandis que la plus grande partie de l'autre restera debout.

(1) Les assurances d'une durée moindre d'une année sont tout-à-fait exceptionnelles.

164. On comprend encore que, si ce bâtiment est rempli de tissus, par exemple, il sera plus exposé au feu et à l'avarie, et que ce double danger croîtra proportionnellement si, au lieu de tissus, il renferme des étoupes, et si ces étoupes, au lieu de reposer en ballots dans les magasins, y sont journellement manipulées.

165. Telles sont, en résumé, les considérations qui ont servi de base au tarif. (1)

166. Il se divise d'abord en deux grandes classes : 1.º constructions de toute nature, couvertes en dur, c'est-à-dire en tuiles, ardoises ou métaux ; 2.º constructions de toute nature, couvertes en bois, paille ou chaume.

167. Chaque classe se subdivise en différents risques, selon que la construction est tout en dur, c'est-à-dire, en briques, pierres ou moëllons, ou mixte, ou entièrement en matières combustibles, telles que bois ou torchis.

168. Les valeurs mobilières, à leur tour, paient une prime plus ou moins élevée, selon qu'elles sont plus ou moins dangereuses en elles-mêmes, ou qu'elles sont placées dans telle ou telle de ces constructions.

169. Et la prime de ces constructions ou de ces valeurs mobilières s'élève graduellement selon la profession ou la manipulation exercée, et selon le danger de la contiguité.

170. De tout ce que nous venons de voir, il suit que la prime du risque le plus grave doit être appliquée à toutes les autres valeurs assurées, quoique moins dangereuses, quand toutes ensemble ne forment qu'un seul risque.

171. Quant à la contiguité, elle n'assujettit le risque assuré qu'aux deux cinquièmes de la prime applicable au risque contigu, quand il n'y a pas communication.

172. Mais disons ce qu'on entend par *contiguité* et par *communication*.

173. En langage ordinaire, pour qu'il y ait contiguité, il faut que les deux choses se touchent ; mais en langage d'assurance on a donné au mot une plus large acception ; et l'on dit qu'il y a contiguité lorsque les deux choses ne sont séparées l'une de l'autre que par une distance telle que l'on doit présumer que, si l'une brûle, l'autre devra nécessairement brûler aussi ; dès-lors la mesure de cette distance doit varier, selon le plus ou moins de danger de la chose contiguë ; quand la chose contiguë n'est pas très-dangereuse, la contiguité ne s'étend pas au-delà de quatre mètres ; si la chose contiguë est un bâtiment couvert en bois, paille ou chaume, la distance sera de sept mètres ; elle devra être de dix mètres si la chose contiguë est un théâtre, une filature de lin ou de coton, une fabrique ou une raffinerie de sucre. une fabrique de garance ou toute autre usine offrant les mêmes dangers.

174. Il y a communication quand il existe une ou plusieurs ouvertures d'un risque à l'autre ;

<hr/>

(1) On a considéré encore que les choses de même nature sont exposées à l'incendie dans telle localité plus que dans telle autre, et, par suite, on a classé les 86 départements de la France en huit ou dix catégories qui ont chacune leur tarif particulier. Tous sont semblables quant à la forme, ils ne diffèrent que par les taux des primes. Dans tout ce que nous allons avoir à dire, nous prendrons pour type le tarif N.º 1, l'un des plus usités. (V. modèle N.º 5.)

et dès lors, comme nous l'avons dit, la prime du risque le plus grave est appliquée à l'ensemble des risques qui communiquent entre eux. Toutefois, on fait exception pour les ouvertures qui n'ont d'autre usage que de laisser passage aux arbres et aux courroies des moteurs ; elles ne sont pas considérées comme établissant communication. On fait encore exception quand l'ouverture est fermée par une porte en fer ou doublée en fer ; dans ce cas on peut se contenter, pour le risque le plus faible, de la moitié de la prime du risque principal.

175. Lors donc que vous faites une assurance, vous devez ne pas vous borner à reconnaître la nature de chacune des choses à assurer, mais considérer attentivement l'ensemble de toutes les combinaisons qui peuvent influer sur l'abaissement ou l'élévation de la prime.

176. Rendons ceci sensible par deux exemples.

Premier exemple :

Vous avez à assurer une maison, vous reconnaissez : 1.° qu'elle est couverte en ardoises ; 2.° qu'elle est construite en pierres ; 3.° qu'elle ne contient qu'un mobilier ordinaire ; 4.° qu'elle n'est habitée que par des rentiers ; 5.° qu'elle est située dans un chef-lieu de canton ; 6.° qu'elle est contiguë à des bâtiments qui sont dans les mêmes conditions : la prime est de fr. 30 c. p. %₀₀ (Modèle N.° 5).

Deuxième exemple :

L'objet à assurer est encore une maison de même construction que la précédente ; mais elle est située dans une simple commune rurale; elle renferme des huiles en magasin; elle est occupée par un fabricant de chandelles avec fonte de suif , et elle est contiguë , sans communication , à une filature de lin , éclairée par le gaz et chauffée par la vapeur.

Si cette maison était seulement située à la campagne , elle paierait fr. » 40 c. , au lieu de fr. » 30 c., mais elle renferme des huiles en magasin; la prime devrait donc être de fr. » 75 c.; mais de plus , elle est habitée par un fabricant de chandelles ; la prime devrait donc être de fr. 1 25 c. ; mais de plus encore, elle touche à une filature de lin ou elle n'en est éloignée que de huit mètres ; la prime sera donc, 'en définitive, des deux cinquièmes de la prime de la filature, c'est-à-dire de fr. 6 p. %₀₀ (Modèle N.° 5.)

Ainsi , ces deux maisons, qui sont exactement de même construction , seront assujetties, l'une, à la prime de fr. » 30 c. p. %₀₀ , l'autre à la prime de fr. 6 p. %₀₀.

177. Nous croyons inutile de donner un plus grand nombre d'exemples ; les modèles de polices que vous trouverez à la suite de ces instructions et votre pratique personnelle vous auront bientôt familiarisés avec les diverses combinaisons qui influent d'une manière si grave sur l'assiette des primes. (Modèle N.° 8 et suiv.)

178. Maintenant, nous allons parcourir rapidement les divers tableaux et les diverses dispositions du tarif, et nous ne nous arrêterons que sur les points qui paraîtront demander un développement ou des éclaircissements.

Dans les fermes ou bâtiments d'exploitation rurale , quand l'habitation sera séparée , quand elle ne contiendra pas des récoltes en paille, vous pourrez l'assurer à la prime des maisons de petits cultivateurs ; et, quant elle sera tout-à-fait séparée, et se rapprochant, quant à la construction, de celle des châteaux, vous pourrez l'assurer à la simple prime des maisons d'habitation.

179. En principe, la prime des valeurs mobilières est plus élevée que celles des valeurs immobilières ; mais vous remarquerez qu'en général, quand la prime s'élève à un certain taux, elle s'applique indifféremment au contenant comme au contenu ; ainsi, la prime d'une maison d'habitation de 1.er risque, 1.re classe, est de fr. » 30 c. p. $°/_{oo}$, et celle du mobilier, de fr. » 75 c. p. $°/_{oo}$; mais la prime des bâtiments, du matériel et des marchandises d'une raffinerie de sucre, 1.er risque, 1.re classe, est uniformément de fr. 5 p. $°/_{oo}$. (Modèle N.° 5.)

180. Les marchandises sont de quatre sortes : 1.° ordinaires, 2.° faciles à endommager, 3.° hasardeuses, 4.° doublement hasardeuses ; lors donc que vous aurez à assurer des marchandises, vous aurez soin de vérifier dans quelle catégorie elles doivent être classées.

181. Les marchandises des 1.re et 2.e catégories ne donnent pas lieu à exhausser la prime du contenant, parce qu'elles n'ont pas en elles-mêmes d'éléments de propagation d'incendie ; il n'en est pas de même des deux autres sortes de marchandises qui, de leur nature, sont facilement inflammables et peuvent communiquer rapidement le feu à l'entour.

182. Dans les assurances de marchandises ordinaires ou faciles à endommager, on tolère, sans augmentation de prime, soit un dixième de marchandises hasardeuses, soit un vingtième de marchandises doublement hasardeuses.

183. Dans les assurances de marchandises hasardeuses, on tolère de même un dixième de marchandises doublement hasardeuses.

184. Au-dessus de cette proportion, la prime du risque le plus grave doit être appliquée.

185. Dans l'assurance des marchandises, vous pouvez assurer pour une durée moindre d'une année ; l'application du tarif n'offre à cet égard aucune difficulté.

186. Il est bien entendu que tout ce que nous venons de dire des marchandises faciles à endommager, hasardeuses ou doublement hasardeuses, et toutes les dispositions du tarif qui les concernent, ne s'appliquent qu'aux marchandises proprement dites, et qui sont encore à l'état de marchandises; car, du moment qu'elles font partie accessoire des vêtements à usage, du mobilier personnel, des provisions de ménage, elles ne doivent plus payer que la prime ordinaire.

187. Quand vous assurerez des navires ou bateaux sur mer, au port ou sur les canaux ou rivières, il est bien entendu que vous ne les assurerez pas contre les risques maritimes ou autres, mais contre les risques d'incendie seulement.

188. Vous n'assurerez pas les bois et forêts d'essences exclusivement résineuses ; c'est un risque trop dangereux ; pour l'assurance des bois mêlés d'essences résineuses et autres, vous devez nous consulter, et après notre autorisation, vous voudrez bien vous reporter au modèle N.° 15 et aux notes qui l'accompagnent.

189. L'assurance contre l'explosion du gaz et la prime de cette assurance sont entièrement distinctes de l'assurance et de la prime contre le risque d'incendie, de telle manière que, si la police n'exprime pas, en termes particuliers et précis, que nous assurons contre l'explosion du gaz, et si une prime spéciale n'est pas stipulée pour ce risque, nous ne devons aucune indemnité en cas d'explosion, si elle ne cause pas d'incendie. (Modèle N.° 17.)

190. A cette occasion, nous devons vous faire remarquer qu'à aucune condition et pour aucune prime, nous n'assurons contre l'explosion de la vapeur ; ainsi, nous ne devons aucune indemnité pour cette explosion dans les établissements assurés par nous, soit contre l'explosion du gaz, soit contre l'incendie.

191. Il est des choses assurables que vous ne rencontrerez pas dans la nomenclature des risques ; quelques-unes ont pû être omises par imprévoyance, les autres l'ont été sciemment, par exemple, les théâtres et les chemins de fer.

192. Les théâtres sont un risque très-dangereux. Nous ne les assurons que par déférence pour nos agents, pour les administrations municipales et pour les compagnies avec lesquelles nous sommes en relations de réassurances, et notre maximum sur ce risque est très-peu élevé. En outre, le danger varie à l'infini, selon le genre de construction du théâtre, sa position plus ou moins isolée, plus ou moins éloignée de secours, le nombre et surtout la nature des représentations ; il était donc presque impossible de classer ce risque et de lui appliquer une prime normale.

193. L'assiette des primes des convois par chemins de fer était également impossible à établir dans un tarif, à raison du plus ou du moins de longueur du parcours, du nombre des convois de chaque jour, du nombre des wagons et de l'importance des valeurs transportées par chaque convoi ; nous avons donc dû nous réserver de traiter ces sortes d'assurances par des conventions particulières.

194. Comme nous l'avons dit plus haut, pour l'assurance de tous risques non compris au tarif, vous voudrez bien nous consulter.

195. Outre les choses matérielles, comme les maisons, les marchandises, les usines, les bateaux, les forêts, etc., les compagnies assurent aussi l'exercice de certains droits en cas d'incendie : 1.° le droit du créancier vis-à-vis de son débiteur ; 2.° le droit du nu-propriétaire vis-à-vis de l'usufruitier ou de l'usager, et vice-versà ; 3.° le droit du propriétaire vis-à-vis du locataire ; 4.° le droit du voisin vis-à-vis de son voisin ; 5.° enfin le droit de l'assuré vis-à-vis d'une autre compagnie.

196. 1.° Le créancier qui a hypothèque ou privilége sur une chose a intérêt à la conservation de cette chose, puisque, si elle périt, sa créance est compromise : il a donc intérêt et droit à faire assurer cette chose ; mais ce droit est limité à la mesure de cet intérêt ; en sorte que, si, après l'incendie, il restait encore couverture suffisante au créancier, la compagnie ne lui devrait rien, et que, s'il recevait une indemnité de la compagnie, il devrait la subroger contre le débiteur jusqu'à concurrence de l'indemnité payée ; vous devez donc ne consentir l'assurance du

droit hypothécaire, qu'en insérant dans la police la clause particulière formulée au modèle N.° 18.

197. Il est pour le créancier un moyen plus simple et moins coûteux d'assurer le recouvrement de sa créance hypothécaire ou privilégiée, c'est de s'entendre avec son débiteur pour que ce dernier fasse assurer la chose pour son compte et comme propriétaire ; et, dès que la police est signée, le créancier fait opposition, entre les mains de l'agent de la compagnie, au paiement de l'indemnité en cas d'incendie ; mais aussi, ce mode a l'inconvénient, pour le créancier, de l'obliger à vérifier, chaque année, si la prime a été payée par le débiteur ; tandis que, s'il fait assurer et paie lui-même, il n'a pas l'embarras de cette surveillance, et il n'a pas non plus à craindre la concurrence d'autres créanciers également opposants ou autres.

198. Quand il y aura lieu à l'assurance d'une créance hypothécaire ou privilégiée, vous voudrez bien faire connaître au créancier ces deux modes d'opérer et le laisser choisir.

199. La prime de la créance hypothécaire ou privilégiée est la même que celle qui serait appliquée à la chose hypothéquée ou privilégiée, si elle était assurée pour le compte du propriétaire.

200. 2.° L'art. 607 du code civil dispose que ni l'usufruitier ni le nu-propriétaire ne sont tenus de rebâtir ce qui a été détruit par cas fortuit ; l'un et l'autre ont donc intérêt à faire assurer la chose grevée d'un usufruit ; mais vous aurez soin de ne pas faire deux assurances, l'une pour le nu-propriétaire, l'autre pour l'usufruitier ; et, quand vous assurerez l'un, vous aurez soin de vous informer si l'autre n'est point assuré par une autre compagnie : autrement, il pourrait arriver qu'en cas d'incendie ils reçussent deux fois le prix de la chose assurée, ce qui ne peut être, l'assurance, comme nous le verrons plus tard, ne pouvant jamais être pour l'assuré une occasion de bénéfice. Le mieux sera de faire en sorte d'assurer simultanément, dans la même police, le nu-propriétaire et l'usufruitier.

201. Il est bien entendu que tout ce que nous venons de dire de l'usufruitier s'applique également à l'usager.

202. La prime de l'assurance de la chose grevée d'usage ou d'usufruit est la même, soit qu'on assure l'usager ou l'usufruitier, soit qu'on assure le nu-propriétaire, soit qu'on les assure simultanément l'un et l'autre ; nous allons voir qu'il n'en est pas de même pour l'assurance du propriétaire et du locataire. (Modèle N.° 19.)

203. 3.° Le code civil dispose :

« Art. 1733 : le locataire répond de l'incendie, à moins qu'il ne prouve que l'incendie est » arrivé par cas fortuit ou force majeure ou par vice de construction, ou que le feu a été » communiqué par une maison voisine.

» Art. 1734 : s'il y a plusieurs locataires tous sont solidairement responsables de l'incendie, » à moins qu'ils ne prouvent que l'incendie a commencé dans l'habitation de l'un d'eux, » auquel cas celui-là seul en est tenu, ou que quelques-uns ne prouvent que l'incendie n'a » pu commencer chez eux, auquel cas ceux-là n'en sont pas tenus. »

204. Dans nos statuts, dans les conditions générales de nos polices et dans nos tarifs, **nous** disons que la compagnie garantit les locataires de la responsabilité résultant de ces **deux** articles.

C'est ce que l'on appelle l'assurance du *risque locatif*.

205. Ainsi, quand un sinistre frappe un bâtiment occupé par un locataire, le locataire est responsable, vis-à-vis du propriétaire, du dommage résultant de ce sinistre. Si le propriétaire est assuré, il est indemnisé par la compagnie ; mais, ni cette assurance, ni cette indemnité ne dégagent le locataire (qui n'est pas assuré) de sa responsabilité vis-à-vis du propriétaire, qui alors subroge la compagnie à tous ses droits.

206. C'est pour prévenir le recours, soit de son propriétaire, soit de la compagnie, subrogée aux droits de ce dernier, que le locataire se fait assurer.

207. On comprend que le risque de ce recours est moins dangereux que le risque même de l'incendie ; car il peut arriver, comme l'exprime le code civil, que l'incendie ait pour cause un cas fortuit, une force majeure, un vice de construction, etc. ; et alors le locataire n'est plus responsable ; aussi la prime de l'assurance du risque locatif est généralement moindre que celle du risque principal ; et, pendant plusieurs années, la compagnie l'a même assuré gratuitement aux locataires qui faisaient assurer leurs valeurs mobilières dans une maison également assurée par elle. Depuis, nous avons reconnu l'abus de cette concession, et, en ce point, comme en tous autres, vous voudrez bien vous tenir strictement aux termes et aux primes du tarif.

208. Toutefois, comme nous venons de le dire, la prime de l'assurance du risque locatif est minime, puisque, dans certains cas, elle peut n'être que de fr. 10 c. p. $°/_{oo}$; mais alors il faut que la compagnie assure, en même temps, l'immeuble pour le compte du propriétaire.

209. Vous aurez donc soin d'engager tout locataire à se donner cette sécurité, si peu coûteuse, et vous ne manquerez pas de l'engager à faire assurer, en même temps, le risque principal du propriétaire, ce qui rendra l'assurance moins coûteuse encore.

210. Vous devez d'autant plus cet avertissement aux locataires et aux fermiers, que beaucoup, surtout dans les campagnes, ignorent complètement leurs obligations à cet égard, et le danger auquel ils sont exposés ; en effet, un grand nombre de locataires ou de fermiers, obligés par leur bail à faire assurer les bâtiments qu'ils tiennent à loyer ou à ferme, et à en payer la prime, croient avoir satisfait à tout, quand ils ont fait cette assurance et payé cette prime ; et au jour de l'incendie, ils sont étonnés et consternés de voir le propriétaire seul indemnisé et d'être poursuivis en réparation du dommage, quand eux-mêmes ont souscrit la police et payé la prime, ne comprenant pas qu'ils n'ont souscrit cette police et payé cette prime que pour le compte du propriétaire.

211. Il est même une circonstance où vous devez exiger l'assurance du risque locatif, en même temps que l'assurance du risque principal : c'est celle où le locataire ou fermier est dans une position de fortune telle, qu'en cas d'incendie, il serait dans l'impossibilité de rembourser

6

la valeur des bâtiments; car alors, vous comprenez que notre droit de recours serait tout-à-fait illusoire; or, cette circonstance se présente le plus ordinairement.

212. La valeur à faire assurer contre le risque locatif est naturellement celle du bâtiment même tenu à bail ou à loyer; mais quelquefois, il est difficile de préciser d'une manière exacte cette valeur, et d'un autre côté, l'assuré peut exiger une garantie complète qui le mette à l'abri de tout recours, même partiel : pour lui donner cette satisfaction, il a été arrêté que, si le locataire a fait assurer une somme égale à quinze fois au moins le montant annuel de son loyer, la compagnie répond de la totalité du dommage jusqu'à concurrence de la somme assurée. (Police, conditions générales, art. 14, modèles N.ᵒˢ 9 et 10).

213. 4.° « Tout fait quelconque de l'homme, qui cause à autrui un dommage, oblige celui « par la faute de qui il est arrivé à le réparer. » Telle est la disposition de l'art. 1382 du code civil; et l'article 1383 ajoute :

« Chacun est responsable du dommage qu'il a causé, non-seulement par son fait, mais encore « par sa négligence ou par son imprudence. »

214. De ces dispositions il résulte que si, par son fait, la négligence ou l'imprudence de sa femme ou de ses enfants, ou de ses gens, Pierre communique le feu à ses voisins, Paul, Jacques et Grégoire, il est responsable, vis-à-vis d'eux, du dommage résultant, pour chacun d'eux, de l'incendie.

215. La compagnie assure contre le risque de cette responsabilité, moyennant une prime très-légère; car le dommage est moins grave encore que pour le risque locatif. En effet, lorsque le feu prend dans une maison occupée par un locataire, la présomption légale est que l'incendie est le fait du locataire, tandis que la communication du feu par le fait, l'imprudence ou la négligence d'un voisin à son voisin ne se présume pas et doit être prouvée; il est donc, en définitive, assez rare que le voisin soit tenu à réparation.

216. Aussi la prime n'est-elle que du quart de la prime applicable, soit à la maison de l'assuré, soit à celle de ses voisins, de manière, toutefois, que la prime du risque le plus dangereux soit toujours appliquée.

217. Ainsi Pierre, liquoriste, veut se faire assurer contre le risque du recours de ses voisins de droite et de gauche, Paul et Jacques, l'un rentier, l'autre menuisier; la prime applicable au risque de Pierre est de fr. 1, 25; celle de Paul de fr. » 30 c., et celle de Jacques de fr. » 50 c. p. %ₒ; la prime de l'assurance du risque du recours des voisins sera du quart de fr. 1, 25, c'est-à-dire de fr. » 31 c. 1/4 p. %ₒ.

218. Mais si Pierre a pour voisin un fabricant de sucre, 1.ᵉʳ risque, 1.ʳᵉ classe, la prime de l'assurance du risque du recours des voisins sera du quart de fr. 4, c'est-à-dire de fr. 1 p. %ₒ.

219. Quant à la valeur à faire assurer, on comprend qu'elle peut varier à l'infini, selon le plus ou le moins d'importance, selon la nature plus ou moins dangereuse des valeurs de l'assuré et des valeurs de ses voisins, et selon qu'il sera guidé par un sentiment plus ou moins pro-

noncé de prévoyance, ou plus ou moins impressionné par la crainte. Il ne saurait y avoir aucune règle à tracer à cet égard, si ce n'est celle de calculer, à peu près, jusqu'à quel point le feu peut se propager dans le quartier, et vous comprenez tout ce qu'une pareille prévision peut avoir de problématique; tels de nos clients se contentent de se faire assurer contre le recours des voisins pour six, huit, dix mille fr.; d'autres vont jusqu'à cent et deux cent mille francs.

220. Vous devez donc laisser à vos clients toute liberté, vous contentant de les engager à élever un peu leur chiffre, si vous pensez qu'ils restent trop en-dessous, et à le réduire, si vous pensez qu'ils l'exagèrent. (Modèle N.° 9.)

221. 5.° La confiance ne se commande pas; quelques personnes, après s'être fait assurer par une compagnie, craignent de n'être pas indemnisés en cas de sinistre, surtout si cette compagnie est en liquidation, et elles font garantir par une autre compagnie le paiement de cette indemnité, c'est ce que l'on appelle *une reprise d'assurance.*

222. La prime de cette garantie est la même que celle de l'assurance même.

223. En général ce genre d'opération cause aux agents et à la compagnie des embarras et des frais que ne compensent pas toujours les bénéfices; vous devez donc ne pas rechercher, et, quand l'occasion se présentera de faire une reprise, vous ne la conclurez qu'après que nous vous en aurons donné l'autorisation.

224. Il ne nous reste rien à vous dire sur les différents risques que vous pouvez être appelés à courir, non plus que sur les primes qui doivent être appliquées à ces risques; et, pour terminer ce qui concerne ce chapitre, nous vous ferons remarquer que la prime est payable d'avance et pour une année.

225. Toutefois, l'assuré a la faculté d'escompter ses primes pour toute la durée de la police, à raison de 5 p. % l'an, et, si l'assurance est souscrite pour six années consécutives, il est fait remise, à titre d'escompte, de la prime de la sixième année contre le paiement comptant et intégral de la prime des cinq premières; mais vous ne devrez pas provoquer ce mode de paiement, et nous vous engageons même à l'éviter; nous préférons le paiement annuel.

226. Notre tarif est le même que celui des treize autres compagnies anonymes à primes fixes; vous ne devrez jamais y déroger sans autorisation. Vous aurez souvent à lutter contre l'assuré relativement aux primes; mais vous ne devrez pas vous laisser vaincre, quoi qu'il puisse dire; surtout ne le croyez pas quand il alléguera qu'il trouve à se faire assurer à meilleur marché par une autre compagnie; c'est un petit mensonge si fréquemment employé, qu'il est tout-à-fait usé, et, s'il était possible que des compagnies fissent encore de la concurrence au rabais, vous vous rappelleriez et vous rappelleriez à votre client ce que nous avons dit sur le danger du *bon marché.* (Art. 45 et 88.)

227. Tout négociant se ruine s'il vend sa marchandise au-dessous du prix de revient, cela est incontestable; or, avons-nous dit, la prime est le prix de l'assurance, c'est-à-dire qu'elle a été calculée de manière à ce qu'elle suffise à couvrir les sinistres et les frais généraux. Si donc une

compagnie assure au-dessous de la prime du tarif, elle fait comme ce négociant, elle court à une ruine certaine ; or, quelle sera la garantie de l'assuré vis-à-vis d'une compagnie ruinée ? Attachez-vous à faire comprendre à vos clients cette vérité si simple; attachez-vous à leur faire comprendre qu'il est de leur propre intérêt que nous maintenions les primes de nos tarifs.

228. Qu'est-ce, d'ailleurs, pour un assuré, qu'une différence de quelques centimes ? Mais pour une compagnie, calculez ce que peut être cette différence, multipliée par des milliers de polices. Ne prenons pour exemple que le plus simple risque, un risque de fr. » 30 c. p. °/₀₀ : supposez que la valeur assurée soit seulement de dix mille francs, et que nous consentions à une diminution de prime de 5 centimes p. °/₀₀; l'assuré aura fait l'importante économie de 50 centimes !.... Et nous, qui aurons pu répéter dix mille fois la même opération, nous aurons perdu cinq mille francs; mais si vous calculez ce que sera la perte, ressortant d'une baisse souvent répétée, sur de grosses primes et de grosses valeurs, le résultat sera effrayant.

229. Du reste, cela est maintenant plus généralement compris qu'autrefois ; aussi les compagnies qui ont fait la concurrence au rabais, n'ont pas perdu seulement leur argent, elles ont perdu aussi leur considération.

230. Si vous ne pouvez conclure avec l'homme qui a marchandé âprement la prime, ne vous en affligez pas : ce même homme vous aurait suscité plus tard des tracasseries et des embarras.

231. Il est un fait certain, constaté par l'expérience et qui doit vous encourager, c'est que toujours l'agent qui maintient le plus scrupuleusement les primes de son tarif, est en même temps celui qui réalise les meilleures assurances et qui en réalise le plus grand nombre. (Art. 45 et 88).

CHAPITRE III.

DE LA PROPOSITION.

232. L'assurance est ordinairement précédée d'une proposition, soit qu'elle émane de la personne même qui veut se faire assurer, soit qu'elle émane de vos sous-agents, soit qu'elle émane de vous-mêmes, lorsque vous devez ou lorsque vous désirez en référer, au préalable, à la direction centrale.

233. Dans tous les cas, elle doit fournir des indications suffisamment détaillées sur la nature, la disposition et la valeur des objets à assurer ; en un mot, c'est un projet de police : presque

tout ce qui va être dit dans le chapitre suivant, concernant les polices, s'applique donc également à la proposition.

234. Nous appellerons seulement ici votre attention sur les notes placées en marge des modèles de proposition : ce sont de petites instructions sommaires qui suffisent presque toujours pour guider complètement dans la rédaction d'une proposition.

235. Le plus ordinairement les propositions seront l'œuvre de vos sous-agents. Vous devez ne pas les admettre aveuglément, mais les examiner avec attention et les modifier ou les rejeter s'il y a lieu.

236. A cet effet, et autant qu'il vous sera possible, vous vérifierez vous même le risque à assurer, surtout si c'est un risque industriel ; si ce n'est pas chose possible, vous prendrez au moins toutes les informations qui peuvent être de nature à vous fixer sur l'admission ou le rejet de la proposition.

237. On nous demande souvent si la proposition doit être signée par l'assuré : cela est convenable, mais non pas nécessaire, puisque la compagnie et l'assuré ne sont liés que par la signature de la police : c'est ce que vous devrez bien faire entendre à vos sous-agents et aux assurés, afin qu'au cas d'un incendie survenant entre la présentation de la proposition et la signature de la police, ils sachent bien que la compagnie ne doit pas d'indemnité. (Modèles N.os 6 et 7.)

CHAPITRE IV.

DE LA POLICE.

§ I.er

Conditions générales de la police.

238. Notre législation française est muette sur les assurances terrestres ; les compagnies ont dû suppléer à cette lacune, en établissant pour leurs contrats, outre les conditions particulières à chaque contrat, des règles générales qui pussent s'appliquer à tous les contrats, et qui tinssent

lieu de loi. Ces règles elles les ont puisées dans la législation sur les assurances maritimes, en tout ce qui pouvait s'appliquer aux assurances terrestres, et dans la jurisprudence. Ce ne sont donc pas des conditions arbitrairement et tyranniquement imposées à l'assuré, mais des règles de droit et d'équité. Quelques-unes peuvent paraître rigoureuses ; elles ne le sont que pour la mauvaise foi, contre laquelle il faut nécessairement se prémunir.

239. Les conditions générales de l'assurance sont imprimées sur la police : vous devez les étudier avec soin et vous mettre en état de répondre nettement aux éclaircissements qui pourraient vous être demandés sur chacune de ses dispositions. Vous devez aussi les faire lire par la personne qui est dans l'intention de se faire assurer, afin qu'elle sache parfaitement tout ce qu'elle doit déclarer et ce à quoi elle s'engage, et pour que, par la suite, elle ne puisse venir prétexter cause d'ignorance, et prétendre qu'elle a été surprise.

240. Les diverses dispositions des conditions générales ont déjà trouvé et vont trouver successivement leur développement dans le cours de ces instructions : pour le moment, nous n'avons à appeler votre attention que sur un point ; mais il est de la plus grande importance ; nous voulons parler de la valeur à donner à la chose que l'on doit assurer.

241. L'assuré doit être bien pénétré de ce principe qui domine toute la matière : c'est que l'assurance promet un dédommagement, mais non pas un bénéfice : l'assurance, dit l'art. 12 des conditions générales, ne peut jamais être pour l'assuré une cause de bénéfice.

242. Vous comprenez tout ce que cette règle a de sérieux, non-seulement dans l'intérêt des compagnies, mais même pour la sécurité publique : en effet, si l'assurance pouvait être une cause de bénéfice, elle serait, en même temps et nécessairement, une source effrayante d'incendies volontaires.

243. Ainsi, au jour du sinistre, quelle qu'ait été l'évaluation préalable, la compagnie doit, dans les limites de la somme assurée, rembourser *tout le dommage* mais aussi *rien que le dommage* résultant du sinistre. (Art. 437 et suiv.; 462 et suiv.; Cond. gén. de la pol. art. 10.)

244. L'assuré doit donc évaluer à sa juste valeur la chose qu'il veut faire assurer : c'est son intérêt comme celui de la compagnie de ne l'évaluer ni plus ni moins.

245. S'il ne la fait pas assurer pour toute sa valeur, il reste son propre assureur pour la différence, et, au jour du sinistre, il ne sera indemnisé qu'au prorata de la somme assurée ; si au contraire il fait assurer au-delà de la valeur, il paie inutilement la prime pour la différence, puisqu'au jour du sinistre il ne recevra pas plus que la chose ne sera alors estimée.

246. Rendons ceci sensible par deux exemples.

Pierre veut faire assurer sa maison qui vaut 20,000 francs : par une économie mal entendue et par suite d'un faux calcul, il se dit : « il est probable qu'en cas d'incendie, ma maison, qui est
» solidement construite, ne sera pas entièrement détruite, et qu'on en pourra toujours bien sauver
» la moitié ; quoiqu'elle vaille 20,000 francs, je ne vais la faire assurer que pour 10,000. »

Ses prévisions se réalisent ; la maison brûle, et on en sauve en effet la moitié : Pierre croit qu'il va recevoir 10,000 francs ; il se trompe : il ne va recevoir que 5,000 francs , car il était son propre assureur pour 10,000 francs , c'est-à-dire , pour la moitié : il n'a fait assurer que la moitié de la valeur , il n'a payé que la moitié de la prime ; il est donc juste qu'il ne reçoive que la moitié de l'indemnité.

Par un raisonnement opposé , mais non moins vicieux , Pierre se dit : « ma maison ne » vaut que 20,000 francs , je vais la faire assurer pour 40,000 francs ; il est vrai qu'au lieu » de payer vingt francs de prime , j'en vais payer quarante ; mais , en cas d'incendie , je » réaliserai un beau bénéfice en recevant 40,000 francs au lieu de 20,000 francs. » C'est encore une erreur : les compagnies d'assurances ne sont pas des bureaux de loterie ; quelque élevé que soit le chiffre de son assurance , Pierre ne pourra recevoir au plus que la valeur réelle de sa maison , c'est-à-dire , 20,000 francs , et il aura payé en pure perte l'excédant de la prime. Mais son erreur , ou , plutôt , sa mauvaise foi , pourra avoir une plus grave conséquence ; probablement Pierre ne recevra rien du tout ; car l'exagération désordonnée dans la valeur de la chose assurée peut être une cause de déchéance.

247. Maintenant quelles sont les règles pour évaluer une chose à sa juste valeur : elles sont tracées par le 1.er alinéa de l'art. 12 des conditions générales : les immeubles doivent être évalués d'après leur valeur vénale , non compris la valeur du sol , qui ne peut être incendié ; les effets mobiliers doivent aussi être estimés d'après leur valeur vénale ; et les matières , denrées et marchandises , doivent être évaluées au cours du jour.

248. En général , quand vous assurerez des personnes d'une probité non suspecte (et vous n'en devez pas assurer d'autres), vous les laisserez évaluer elles-mêmes les choses à assurer ; car nul mieux que le propriétaire n'est en mesure d'apprécier une chose à sa juste valeur. Vous vous contenterez d'éclairer , au préalable , l'inexpérience de l'assuré , et ni vous ni lui ne devez vous faire scrupule d'un peu plus ou d'un peu moins dans l'évaluation qui ne peut guère être d'une exactitude mathématique ; mais , si vous vous apercevez qu'il s'éloigne sensiblement en plus ou en moins du véritable chiffre de la valeur réelle , vous devrez l'en avertir ; si , malgré vos observations , il s'obstine à exagérer de beaucoup l'estimation , vous exigerez qu'il la réduise , ou , mieux encore , vous refuserez nettement l'assurance ; car cette exagération est par elle-même une présomption grave de mauvaise fin et un présage de sinistre volontaire. (Art. 127 et suiv.)

249. Mais , quelque consciencieuse que soit l'évaluation donnée à la chose assurée , elle ne saurait servir de règle pour l'indemnité à payer après le sinistre ; car , outre qu'il peut y avoir erreur involontaire , la chose peut avoir augmenté , ou , ce qui est plus ordinaire , avoir diminué de valeur pendant le temps qui s'est écoulé entre le jour de l'assurance et le jour du sinistre. Aussi, quelle que soit l'évaluation donnée à la chose dans la police, il est toujours procédé à une nouvelle évaluation au jour du sinistre. Vous ne devez donc jamais consentir à ce que la chose soit évaluée dans la police d'une manière définitive et qui puisse fixer à l'avance le chiffre de

l'indemnité ; car ce pourrait être pour l'assuré *une cause de bénéfice* et une dérogation formelle à l'article 10 des conditions générales.

250. Vous aurez même soin de vous abstenir, dans la rédaction de la police, de toute locution comme : *valant, estimé, évalué*, ou toute autre qui, en cas d'incendie, pourrait servir à l'assuré de prétexte à prétendre que la compagnie aurait réglé d'avance le chiffre du dommage à payer.

251. Par le même motif, vous refuserez d'assurer telle ou telle partie d'un risque, comme le toit ou les étages d'une maison, ou de distraire de l'assurance telle ou telle autre partie, comme les fondations, les caves, etc. ; car, en cas d'incendie, tout le sauvetage serait pour l'assuré ; en effet, si nous assurons tel bâtiment à un franc p. $^0/_{00}$, il est évident que nous avons calculé non-seulement qu'il y a mille à parier contre un que ce bâtiment ne brûlera pas ; mais en outre, que, s'il brûle, nous sauverons les fondations, les caves, les pignons, etc. ; et voilà pourquoi nous n'avons demandé, nous supposons, qu'un franc de prime ; autrement la prime eût été, non pas d'un franc, mais de deux, trois, quatre francs p. $^0/_{00}$.

252. Il en sera de même quand vous assurerez un même risque en participation avec d'autres compagnies : chaque compagnie ne devra pas assurer telle ou telle partie du risque, mais telle part sur l'ensemble ; ainsi, dans l'assurance d'un bâtiment que nous supposons être d'une valeur de 80,000 francs, et couvert par quatre compagnies, l'une ne devra pas assurer le rez-de-chaussée, une seconde les étages, une troisième la toiture, une quatrième les dépendances ; mais chacune d'elles devra assurer, par exemple, un quart sur l'ensemble des 80,000 francs, c'est-à-dire 20,000 francs sur le tout.

253. Toutefois, il n'est pas nécessaire que chaque compagnie ait une part égale ; mais il convient, au moins, qu'elle ait une part proportionnelle ; ainsi l'une pourra avoir un seizième, l'autre deux seizièmes, la troisième cinq seizièmes, et la quatrième huit seizièmes ou la moitié, etc., etc. (Modèle N.° 14.)

254. Toutes les fois que vous co-assurez, c'est-à-dire, que vous assurez en participation, il faut désigner dans la police les noms des compagnies qui assurent avec nous, et énoncer le chiffre de la part de chacune d'elles en valeurs et en primes. (Modèle N.° 14.)

255. Enfin vous aurez soin d'avertir l'assuré qu'il prenne garde à ne dissimuler, soit sciemment, soit involontairement, aucune des circonstances qui aggravent le risque, parce que, dans ce cas, l'assurance serait nulle ; et cela est juste, car, si nous ne recevons que dix francs, par exemple, pour un risque qui devrait payer cent francs de prime, il y aurait bénéfice pour l'assuré, et l'économie du chiffre de nos primes, proportionnée au chiffre de nos sinistres, se trouvant dérangée, nous serions exposés à des pertes anormales ; et nous pourrions même nous trouver exposés à assurer des choses que nous ne voudrions pas assurer.

§ II.

Conditions particulières et rédaction de la police.

———

256. Les conditions particulières peuvent varier à l'infini : il serait donc impossible et très-long, d'ailleurs, de prévoir et d'énumérer toutes celles qui peuvent être l'objet d'une police : ·les modèles qui sont à la suite de ces instructions en embrassent une grande partie ; les autres seront aisément formulées par analogie. Nous nous bornerons à une recommandation très-serieuse et que nous vous prions de ne jamais perdre de vue, c'est que, dans aucun cas et sous aucun prétexte, les conditions particulières ne devront déroger ni aux statuts, ni au tarif, ni aux conditions générales de la police, ni aux présentes instructions. (Art. 528 et suiv.)

257. Nous passons à la rédaction de la police.

258. La première chose qui doit vous occuper, c'est la désignation de l'assuré : elle doit être telle qu'on puisse aisément le trouver et que son identité ne puisse être contestée. Ainsi, il ne suffit pas de dire : *M. un tel, M.me ou M.lle une telle ;* mais au nom patronymique ou de famille il faut avoir soin d'ajouter, et en toutes lettres, les noms de baptême ou prénoms, et même le surnom ou *sobriquet,* sous lequel, surtout dans les campagnes, l'assuré est souvent mieux connu que sous son propre nom. (Modèle N.º 10.)

259. Si la personne assurée est une femme, vous la désignerez ainsi : *M.me une telle, née une telle,* ou *M.me veuve une telle, née une telle ;* par exemple, *M.me Dubois* ou *M.me veuve Dubois, née Marie-Louise Delecourt.*

260. Il ne suffira pas non plus d'énoncer que l'assuré demeure dans telle ville ou telle commune ; il faudra désigner exactement le département, l'arrondissement, le canton, la commune, le hameau, et, s'il y a lieu, la rue et le numéro. (Modèle N.º 8.)

261. Nous vous recommandons la plus grande ponctualité dans ces détails qui pourront vous paraître minutieux, mais que l'expérience nous a démontrés être véritablement nécessaires.

262. Une précaution, tout-à-fait indépendante de la précédente, et dont nous avons apprécié plus haut l'importance, c'est de déterminer en quelle qualité agit l'assuré : si c'est en qualité de locataire, par exemple, et que vous omettiez de l'énoncer, l'assurance profitera au propriétaire et

non pas au locataire, ce qui sera pour ce dernier un préjudice irréparable. (Art. 215 et suiv. 210, Modèles N.ᵒˢ 9 et 10.)

263. Dans une même police vous ne pouvez assurer qu'une seule personne ; à cette règle il n'y a d'exception que lorsque deux ou plusieurs personnes ont un intérêt commun, comme les co-propriétaires, les co-héritiers, le propriétaire et le locataire, le nu-propriétaire et l'usufruitier, le débiteur et le créancier, ou les co-créanciers d'un même débiteur. (Modèles N.ᵒˢ 9, 10 et 19.)

264. Mais rien ne s'oppose à ce que la même police garantisse plusieurs risques distincts, lors même qu'ils seraient de natures entièrement différentes, et séparés les uns des autres par une grande distance, par exemple, une usine à Lille et des marchandises à Marseille.

265. Après avoir exprimé que la compagnie assure à M. un tel, demeurant en tel lieu et agissant en telle qualité, vous ajoutez *en toutes lettres* la somme assurée, c'est-à-dire la somme totale de toutes les différentes valeurs assurées ; il faut alors, dans une énonciation très-courte, très-sommaire, mais aussi très-complète, comprendre l'ensemble de la nature de ces différentes valeurs ; ainsi vous direz, par exemple : *la somme de cent mille francs sur bâtiments tout en dur, à usage d'habitation et de magasins, et sur marchandises non hasardeuses,* exprimant ainsi par une seule phrase, la nature de la couverture et de la construction, l'usage des bâtiments et la nature des marchandises; ensuite, vous entrez dans le détail. (Modèle N.° 8.)

Ou bien : *la somme de quarante mille francs sur bâtiments de ferme de diverses couvertures et constructions, mobilier personnel, mobilier de ferme, instruments aratoires, bestiaux et récoltes, savoir :* etc. (Modèle N.° 10.)

Ou bien encore : *la somme de cinq cent mille francs sur les bâtiments tout en dur d'une filature de lin, avec cardage et peignage, chauffée par la vapeur, éclairée par le gaz, et sur matériel industriel, marchandises brutes, en œuvre et confectionnées, de ladite filature, savoir :* etc. (Modèle N.° 13.)

En sorte, en un mot, que d'un coup-d'œil on puisse embrasser l'ensemble des risques.

266. Ce que nous venons de dire de la désignation de la résidence de l'assuré s'applique également à la désignation de la situation des risques : si tous les risques assurés par la même police sont situés dans le même lieu, vous désignerez ce lieu dans ce préambule dont nous venons de vous donner le modèle ; si, au contraire, la même police couvre des risques situés en différents lieux, vous désignerez la situation de chaque risque à chaque article de ce risque. (Modèle N.° 11.)

267. Dans le détail que vous avez à donner des risques, il y a deux écueils à éviter : l'un est de donner à ces détails trop de développement, ce qui rend la rédaction prolixe et diffuse ; l'autre est de ne pas en donner assez : il faut savoir vous tenir dans un sage milieu ; à cet égard il y a une règle sûre, c'est de dire tout ce qu'il faut, pour que chaque risque qui doit payer une prime différente soit nettement désigné et classé, et de ne rien dire de plus. Evitez surtout ce qui peut ressembler à un inventaire, rien ne serait plus gênant tout-à-la-fois pour vous et

pour l'assuré. Qu'importe à la compagnie de savoir que tel salon renferme douze fauteuils et que ces fauteuils sont en palissandre, couverts en damas, ou bien que dans tel atelier il y a douze métiers, cinq d'une façon et sept de l'autre, si tous sont de même risque et doivent payer la même prime? s'il plaît au propriétaire de changer ses fauteuils de palissandre et de damas contre des chaises de bois de rose et de velours, ou ses douze métiers de telle façon contre dix de telle autre, et que la valeur et le risque restent les mêmes ; il ne faut pas qu'il soit besoin de venir en faire la déclaration.

268. Vous éviterez donc, autant que possible, et toutes les fois que cela ne sera pas nécessaire pour asseoir la prime, de spécifier la quantité, l'espèce et surtout le prix des objets assurés. Ainsi vous ne direz pas, par exemple, vingt mille francs sur une maison ayant au rez-de-chaussée, à droite en entrant, salle à manger, salon en suivant, en retour cabinet de travail ; à gauche, cuisine, office, laverie, etc.; au premier, quatre chambres à coucher et deux cabinets; au second, etc.

Mille francs sur 50 moutons mérinos à 20 francs la tête.

Dix mille francs sur cent pièces de vin médoc à 100 francs la pièce.

Huit mille francs sur quarante tapis d'Aubusson.

Mais vous direz :

Vingt mille francs sur une maison couverte et construite en dur, ayant rez-de-chaussée, trois étages et grenier, située etc.

Mille francs sur moutons.

Dix mille francs sur vins en pièces.

Huit mille francs sur tapis.

De cette manière l'assuré pourra, comme bon lui semblera, changer son salon en cuisine ou sa cuisine en salon, avoir quarante ou soixante moutons, des moutons mérinos ou des moutons de Bretagne ou des moutons de Berry ; des vins de Bordeaux, de Bourgogne ou du Rhin, des tapis de Tourcoing ou d'Aubusson, etc., sans avoir à en rendre compte à la compagnie, et sans que vous soyez constamment dérangés pour des déclarations et des vérifications insignifiantes.

269. En général, évitez tout ce qui pourrait causer à vous et à l'assuré des tracas ou des embarras inutiles et tout ce qui, pour ce dernier, pourrait ressembler à de l'inquisition, quant au présent, et gêner sa liberté d'action quant à l'avenir.

270. Dans l'évaluation à donner à chaque risque, entendez-vous avec l'assuré pour que cette évaluation soit faite en chiffres ronds; ainsi ne dites pas : *cinq mille huit cent trente-sept francs vingt-quatre centimes* sur une grange couverte, etc., mais cinq mille francs ou tout au plus *cinq mille huit cents francs*, etc., de manière à n'admettre jamais de fractions de cent francs : vous comprenez, en effet, qu'une exactitude plus rigoureuse serait minutieuse.

271. Il en sera de même de la prime ; toutes les fois qu'une fraction de prime sera de moins de cinq centimes, vous forcerez le chiffre, ou vous ferez abandon de la différence, suivant le cas,

pour. arriver à ce chiffre rond : supposons, par exemple, que la prime de tel article soit de fr. 7, 33 c., vous écrirez fr. 7, 35 ; si la prime est de fr. 7, 32, vous écrirez fr. 7, 30. (Modèle N.° 10.)

272. Il sera toujours convenable et quelquefois nécessaire que l'assurance des bâtiments soit accompagnée d'un petit plan ou tracé, surtout quand vous assurerez simultanément des bâtiments de différents risques, comme le sont ordinairement les bâtiments ruraux ou industriels ; il n'est pas nécessaire que ce tracé ait de grandes proportions, ni qu'il soit exactement métrique, ni qu'il soit d'une pureté parfaite ; il suffit qu'il fasse distinguer nettement les différents risques les uns des autres, et qu'il établisse exactement les contiguïtés et les communications. (Modèles N.°ª 10, 13 et 14.)

273. Nous vous avons engagé à rechercher es petites assurances ; vous pourrez donc assurer les plus petites valeurs, quand, d'ailleurs, l'assurance offrira les garanties désirables ; mais lorsque la prime totale d'une police devra être seulement de quelques centimes, c'est-à-dire moindre d'un franc, vous l'établirez à forfait à *un franc*. Ainsi, cinq cents francs sur un hangar tout en dur à fr. » 50 c. p. °/°° ne donnent que fr. » 25 c. de prime ; cependant la prime devra être *d'un franc*.

274. Si les valeurs à assurer contiennent ou sont contenues dans des risques dangereux, ou ont des contiguïtés dangereuses, vous devrez le déclarer ; et vous n'oublierez pas que ces contiguïtés peuvent modifier la prime. S'il n'y a aucune contiguïté de cette nature, vous ne devez pas omettre de le déclarer dans la formule finale. (Modèle N° 11.)

275. Si la valeur que vous assurez forme risque commun avec une valeur déjà assurée par nous, ou s'il y a seulement contiguïté entre ces deux valeurs, lors même que cette contiguïté ne serait pas dangereuse, vous devrez le déclarer également dans la police ; autrement nous serions exposés à assurer, sans le savoir, une longue suite de risques, ce qui pourrait devenir compromettant pour la compagnie. (Modèle N.° 11.)

Rappelez-vous, à cet égard, ce que nous avons dit art. 162, 163 et 171.

276. La durée ordinaire de l'assurance est de dix années. En la souscrivant pour un long terme, l'assuré fait l'économie du coût d'une police, qui serait plus souvent renouvelée, et il s'épargne aussi le souci et l'embarras d'un renouvellement fréquent. D'un autre côté, il ne faut pas que cette durée soit démesurément prolongée ; ce serait une gêne pour la compagnie comme pour l'assuré. Vous ne consentirez donc pas à un engagement de plus de dix ans sans l'autorisation de la direction centrale.

277. La durée ne saurait être moindre de trois mois, et vous vous rappellerez que pour certains risques elle ne saurait être moindre d'une année.

278. La date de la police est naturellement celle du jour où elle est souscrite. Quant à l'effet, dans l'usage ordinaire, il est du lendemain ; cet usage a été adopté pour prévenir toute surprise d'un assuré de mauvaise foi qui ferait assurer alors même qu'il y aurait un commencement d'in-

cendie. L'effet peut être de plusieurs jours, plusieurs semaines, plusieurs mois, et même de plusieurs années postérieur à la date, comme il arrive assez souvent pour les convenances de l'assuré ; mais il ne saurait jamais être rétroactif.

279. Avant de faire signer la police par l'assuré, vous aurez soin d'en remplir les blancs par des lignes, afin de ne pas laisser place à intercaler des clauses que nous n'aurions pas consenties.

280. La police sera faite en double minute, les deux minutes seront exactement conformes l'une à l'autre et porteront l'une et l'autre le numéro de votre agence ; vous les signerez pour la compagnie, ainsi que la quittance de première année, et vous ferez également signer les deux minutes par l'assuré.

281. S'il ne sait pas signer, vous lui ferez apposer sa *croix* ou *marque* en présence de deux témoins, qui signeront pour lui.

282. Toutes les formalités étant remplies, vous remettrez une des minutes de la police à l'assuré, et vous réserverez l'autre pour les archives de la direction centrale.

283. En même temps, vous recevrez le prix de la police et de la plaque, et la prime qui toujours se paie d'avance, et vous en délivrerez quittance. (Modèle N.º 22.)

284. La compagnie ne fait pas souscrire de *billets* ou *mandats* de prime ; elle présente une quittance chaque année. (Modèle N.º 23.) (1)

285. Le coût de la police, quelles qu'en soient la forme et l'étendue, est uniformément de deux francs.

CHAPITRE V.

DE LA PLAQUE.

286. La police d'assurance est ordinairement accompagnée d'une plaque. La plaque n'est pas obligatoire ; néanmoins, vous insisterez auprès de l'assuré pour qu'il en prenne une ; d'abord, dans l'intérêt de la compagnie, parce que l'affixion des plaques la fait connaître et la recommande dans les localités où elle n'est pas encore connue ; ensuite, dans l'intérêt même de

---

(1) Les agents ne manqueront pas, auprès de leur clientèle, de faire valoir ce mode si commode, comparé au mode de souscription de billets ou mandats si antipathique aux assurés, et si gênant pour eux et pour les compagnies.

l'assuré, pour lequel elle est comme une sauvegarde contre la malveillance d'une inimitié personnelle, qui s'abstiendra d'un crime, quand elle verra que ce crime ne saurait préjudicier qu'à la compagnie. La plaque est, en outre, pour l'assuré, en cas d'incendie, une garantie de secours prompts et dévoués, car les pompiers, sachant que leur dévouement est ordinairement récompensé par les compagnies d'assurances, se portent vers les maisons qu'une plaque témoigne être assurées, avec bien plus d'empressement que vers celles qui ne le sont pas.

287. Le prix des plaques est de f. 2, fr. 1 50 et fr. 1. Naturellement, les plaques de fr. 2 doivent être posées sur les grands établissements; les moyennes, sur les bâtiments de moyenne grandeur, et celles de fr. 1 sur les plus petits bâtiments.

288. Vous pourrez même, avec autorisation de la direction centrale, faire poser gratuitement ces dernières dans des circonstances exceptionnelles, quand vous le jugerez utile aux intérêts de la compagnie.

TITRE II.

Des relations de l'agent avec l'assuré pendant la durée du contrat.

CHAPITRE I.er

DE L'AVENANT.

289. Il est rare, surtout dans les établissements industriels, que les objets assurés ne subissent pas de temps à autre des modifications, soit en eux-mêmes, soit par rapport à l'assuré; ces modifications sont constatées par un acte que l'on appelle *avenant*.

290. Les changements qui peuvent survenir dans les assurances, ou, plutôt, les avenants qui les constatent, peuvent être rangés en quatre classes : 1.° Avenants-polices ou avenants d'augmentation de valeur ou de prime; 2.° avenants de diminution de valeur ou de prime: 3.° avenants de résiliation; 4.° avenants simples ou avenants d'ordre, c'est-à-dire avenants constatant des changements qui n'altèrent ni les conditions de la police, ni le chiffre des valeurs assurées, ni le chiffre des primes, comme le décès de l'assuré et le transfert de l'assurance à

son héritier ; la vente de la chose assurée et le transfert de l'assurance à l'acquéreur, la translation des marchandises d'une ville dans une autre ville, ou d'une rue dans une autre rue, le changement de domicile, etc.

291. 1.º L'augmentation de valeurs et de primes est une véritable assurance, et, autant que possible, vous constaterez cette augmentation, non sur une feuille d'avenant, mais sur une feuille de police, sauf à ne faire payer pour cette police que le prix d'un avenant. Vous aurez soin, dans la nouvelle police, de constater qu'elle se rapporte ou qu'elle est supplémentaire à la police précédente N.° tant, de telle date. (Modèles N.ºˢ 24 et 25.)

292. L'échéance de la prime annuelle de la nouvelle police devra cadrer avec l'échéance de la prime annuelle de la police précédente à laquelle elle se rapporte, en sorte qu'ordinairement il y aura lieu à établir un prorata de prime de la date de la nouvelle police à la date de l'échéance de la prime de la police précédente.

293. Si le prorata de prime et la prime annuelle de la nouvelle police écheoient dans le courant du même exercice, c'est-à-dire avant le 31 décembre, l'un et l'autre devront être payés d'avance. Dans le cas contraire, vous ne ferez payer d'avance que le prorata. (Modèles N.ºˢ 24 et 25.)

294. Dans tous les cas, soit que vous employiez la forme de la police, soit que vous employiez la forme de l'avenant, vous ne devrez pas confondre la prime de la nouvelle police avec la prime de la précédente et les totaliser ; mais au contraire, vous devrez les distinguer nettement ; car, chaque année, il y aura quittance pour l'une et quittance pour l'autre. (Modèles N.ºˢ 24 et 25.)

295. Supposons, par exemple, que la prime de la première assurance soit de cent francs, et la prime de la nouvelle de cinquante francs ; vous ne devrez pas dire, comme c'est l'usage dans quelques compagnies :

En conséquence, l'assuré aura à payer une prime totale annuelle de cent cinquante francs.

Mais vous direz :

En conséquence, l'assuré aura à payer une prime annuelle supplémentaire de cinquante francs. (Modèles N.ºˢ 24 et 25.)

296. Pour peu que les augmentations de valeurs et de primes aient d'importance et de complication. le mieux sera de refondre le tout dans une seule et même police, annulant la précédente ; et dans ce cas, si le changement n'a pas lieu à la date de l'échéance annuelle de la prime, vous ferez ristourne à l'assuré du prorata de prime payée en trop pour l'ancienne assurance. Cette ristourne sera calculée et constatée à la fin de la nouvelle police, dans la forme indiquée à la fin du modèle N.° 14.

297. Il peut y avoir augmentation de primes sans qu'il y ait augmentation de valeurs, comme il arrive chaque fois que le risque devient plus dangereux : par exemple, si une couverture en paille est substituée à une couverture en tuiles; si, dans un risque de première classe, on introduit

des marchandises hasardeuses ou doublement hasardeuses ; si le locataire ou l'un des locataires se met à exercer une profession plus hasardeuse que celles précédemment exercées; si un théâtre ou une usine s'établit près de la maison assurée, etc. ; dans tous ces cas la prime augmente et la valeur reste la même. Cette augmentation de la prime seulement sera bien encore, à proprement parler, une nouvelle assurance ; cependant, vous devrez la constater toujours par avenant, et pour tout le reste vous vous conformerez à tout ce qui vient d'être dit relativement à l'augmentation simultanée de valeur et de primes. (Modèle N.° 25.)

298. L'avenant-police devra porter un numéro de série de polices. (Modèle N.° 25.)

299. 2.° Si, au contraire de ce que nous venons de voir, le risque devient moins dangereux, parce que, par exemple, la toiture en tuiles est substituée à la toiture en paille, parce que les marchandises hasardeuses qui se trouvaient dans tel magasin sont écoulées ; parce que l'usine contiguë est démontée, etc., etc. , alors l'assuré a droit à une diminution de prime pour l'avenir ; mais pour le présent, il n'y a lieu ni à prorata ni à ristourne ; car en assurance il est de règle que la prime, quoique payée d'avance, est invariablement acquise à la compagnie. (Modèle N.° 26.)

300. Il y a nécessairement diminution de prime quand il y a diminution de valeur, comme il arrive, par exemple, quand on abat telle ou telle dépendance d'une habitation, ou bien quand les marchandises sont vendues, ou bien quand l'établissement n'a plus la même importance. (Modèle N.° 26.)

301. Vous n'admettrez pas les demandes capricieuses de diminution de valeur : vous ne les admettrez pas, surtout quand elles auront pour motif secret ou avoué l'intention de passer à une autre compagnie ; mais, en même temps, vous vous montrerez faciles autant que le comporteront la justice et les intérêts de la compagnie, et vous entrerez à cet égard dans toutes les convenances de l'assuré, quand elles seront raisonnables.

302. 3.° Vous userez de la même circonspection et de la même condescendance pour les demandes en résiliation de l'assurance entière. Quoique rigoureusement parlant la compagnie ayant un engagement de plusieurs années, pût exiger l'entière exécution de cet engagement, vous n'abuserez pas de vos avantages, et vous consentirez à la résiliation toutes les fois que la demande vous en paraîtra fondée. (Modèle N.° 27.)

303. Il est même des cas où vous devrez provoquer vous-mêmes la résiliation, comme nous le verrons dans le chapitre suivant et au titre des incendies. (Art. 315, 524 et 525.)

304. 4.° L'avenant simple ou avenant d'ordre n'exige aucune observation : nous ne pouvons que vous renvoyer aux modèles N.°° 28, 29 et 30.

304. Les avenants des trois dernières classes seront rédigés sur feuilles d'avenants, et, pour les distinguer des polices ou des avenants-polices, ils porteront un numéro d'une série à part. Ce numéro doit être précédé d'un 0 : ainsi N.° 01, N.° 02 et N.° 03.

306. L'avenant prend date et effet du jour où il est souscrit, sauf convention contraire.

307. Chaque avenant doit être fait en autant de minutes que la police à laquelle il se rapporte :

s'il constate un transfert de l'assurance, il doit être fait une minute de plus pour le cessionnaire, et les trois minutes doivent être signées par vous, par l'assuré cédant et par l'assuré cessionnaire. (Modèle N.º 30).

308. Lorsque l'assuré a contracté son assurance, vous avez dû lui donner et il a dû prendre connaissance des dispositions des art. 3, 4, 5, 6 et 7 des conditions générales de la police, qui l'obligent, sous peine de déchéance, à déclarer les changements qui peuvent survenir, quand ils sont de nature à modifier les conditions de l'assurance : toutefois, vous et vos sous-agents, devez vous-même provoquer ces déclarations quand les assurés négligent de les faire. S'ils s'y refusent, vous devez en informer la direction centrale.

309. La compagnie ne vous demande pas compte du prix de l'avenant; vous pouvez donc, selon les circonstances, le délivrer gratis ou le taxer à votre profit, au prix que vous jugerez convenable, sans que, toutefois, ce prix puisse jamais excéder un franc.

CHAPITRE II.

310. Nous avons vu que la prime de la première année se paie d'avance au moment même où la police est délivrée à l'assuré ; la prime de chacune des années suivantes se paie aussi d'avance, et l'article 8 des conditions générales, qui règle toute cette matière, dispose qu'elle se paie au siége de la compagnie, à Lille, ou au domicile de l'agent dans les autres localités. Cependant, l'usage a prévalu d'aller recevoir au domicile de l'assuré, et l'expérience vous démontrera que l'autre mode de perception serait à peu près impraticable.

311. Vous aurez donc soin, à l'échéance annuelle de la prime, de présenter ou de faire présenter au domicile de l'assuré la quittance qui vous aura été envoyée à l'avance par la direction centrale; s'il vous demande un délai, vous pourrez l'accorder, pourvu qu'il ne dépasse pas quinze jours. Mais vous ne consentirez jamais à des paiements fractionnaires; ce délai expiré, vous présenterez ou vous ferez présenter de nouveau la quittance : si on ne paie pas, vous adresserez à l'assuré, par la poste, et sans affranchir, une lettre de première sommation (modèle N.º 31), et huit jours après, une lettre de seconde sommation (modèle N.º 32); vous laisserez encore écouler une huitaine, après laquelle, si, définitivement, il n'y a pas paiement, vous devrez procéder par les voies judiciaires.

312. Mais, avant d'entrer dans le détail des poursuites, nous croyons devoir bien vous fixer sur la position des assurés qui n'ont pas satisfait à leur engagement dans la quinzaine de l'échéance de la prime.

313. A défaut de paiement de la prime dans ce délai, dit l'article 8 des conditions générales, l'assurance est suspendue; et, sans qu'il soit besoin d'aucune demande ou mise en demeure, l'assuré n'a droit, en cas d'incendie, à aucune indemnité. La compagnie peut néanmoins, à son choix, ou résilier la police par une simple notification, ou la maintenir et en poursuivre l'exécution.

314. Ainsi, le non paiement de la prime n'entraîne pas résiliation de la police, ce serait trop commode pour l'assuré, mauvais payeur ou de mauvaise foi ; il en suspend seulement l'effet, et seulement vis-à-vis de l'assuré, qui, jusqu'à ce qu'il paie, cesse d'avoir droit à l'indemnité en cas de sinistre, mais qui n'en est pas moins tenu de payer, si la compagnie n'use pas de son droit de résiliation définitive.

315. Nous vous engageons à user de ce droit toutes les fois que l'assuré sera notoirement insolvable, ou que, malgré toutes les précautions prises avant de l'assurer, vous reconnaîtrez alors que c'est un homme dangereux, ou que le risque même, par sa nature, pourrait être onéreux pour la compagnie.

316. Pour éviter des frais et des embarras d'avenant de résiliation ou de notification par huissier, vous pourrez vous faire remettre par l'assuré la minute de la police ; n'ayant plus de titre, il ne pourra plus faire valoir son droit en cas d'incendie (code civil, articles 1282 et suivants) ; mais nous n'avons pas besoin de vous recommander de faire en sorte que cette remise de titre soit de la part de l'assuré parfaitement libre et volontaire, et non pas le résultat d'une surprise.

317. Revenons aux poursuites judiciaires.

318. Si le montant de la prime est moindre de cinquante francs, vous citerez devant le juge de paix, qui jugera en dernier ressort.

319. Si la prime dépasse cinquante francs, vous citerez encore devant le juge de paix en conciliation. Le juge fera envisager à l'assuré qu'en ne payant pas, il se grèvera de frais énormes, et presque toujours vous le verrez se libérer à l'instant même. Peut-être le juge vous fera envisager à vous mêmes, qu'en poursuivant, vous grevez la compagnie de frais frustratoires, parce que l'assuré est insolvable ; vous verrez alors ce que vous devrez faire, et vous nous en référerez, s'il y a lieu.

320. Dans le cas où vous devrez définitivement continuer vos poursuites, vous citerez devant le tribunal de commerce, si l'assuré est négociant, marchand ou industriel, et s'il a agi pour fait de commerce ou d'industrie.

321. Si l'assuré n'est ni négociant ni marchand ni industriel, vous citerez devant le tribunal civil.

322. Le tribunal devant lequel vous porterez la cause devra toujours être, non pas le vôtre , mais celui du domicile de l'assuré. (Proc. civ. art. 59.)

323. Quand vous devrez recourir au ministère d'un huissier , d'un agréé , d'un avocat ou d'un avoué, adressez-vous toujours à celui qui s'est fait la meilleure réputation, moins par un talent brillant que par l'entente des affaires , par une probité non suspecte et par son esprit de conciliation.

324. Les commissions délivrées à nos agents sont sur papier libre et sous signatures privées; quand une procuration notariée vous sera nécessaire, vous nous la demanderez : elle vous sera immédiatement expédiée.

325. Dans tous les actes judiciaires relatifs aux recouvrements des primes , et généralement dans toute procédure relative à l'assurance , il faut toujours énoncer l'assurance comme étant le résultat de *conventions verbales* , afin d'éviter les frais d'enregistrement et l'amende pour défaut de timbre de la police. Les huissiers et autres officiers de justice savent ordinairement cela ; pour ceux qui l'ignoreraient , vous avez des modèles à la suite de ces instructions. (Modèles N.os 33 et 34.)

326. Les poursuites judiciaires causeront à vous et à nous beaucoup d'ennuis , d'embarras et de frais ; nous vous recommandons donc de nouveau la plus grande circonspection avant les assurances, afin de n'en faire que de bonnes, qui ne vous fassent pas redouter ces tracas.

327. Lorsque vous aurez beaucoup d'assurances dans une même commune ou même lorsque vous n'en aurez qu'un certain nombre, il pourra arriver que vous soyez obligés d'y retourner ou d'y envoyer dix, vingt, trente fois dans une année , si les primes sont à dix , vingt , trente échéances différentes ; pour prévenir une perte de temps si considérable et si fâcheuse , pour prévenir les fatigues, et, nous dirons même, les frais qui en sont la conséquence, nous vous engageons à faire en sorte de ramener à une même date les échéances des primes de toutes les assurances d'une même commune.

328. Vous arrêterez, par exemple, que les échéances des primes de toutes les assurances de tel arrondissement seront ramenées au mois de mai ; celles de tel autre, au mois de juin ; de tel autre , au mois de juillet, etc., etc. ;

Que , dans l'arrondissement du mois de mai , les échéances des primes des assurances de tel canton seront ramenées à la première huitaine du mois ; celles de tel autre canton , à la seconde huitaine, etc. , etc. ;

Et enfin que, dans telle commune du canton de la première huitaine , les échéances seront ramenées au premier du mois ; celles de telle autre commune , au deuxième, et ainsi de suite.

329. De cette manière vous recevez ou vous faites recevoir, en même temps , le même jour, les primes de toutes les assurances d'une même commune ; le lendemain vous faites la recette de la commune voisine , et ainsi de suite , sans frais , sans fatigue, et nous ajouterons que le séjour d'un jour entier dans une même commune pour la perception en masse de toutes les primes, facilitera beaucoup mieux la réalisation de nouvelles affaires dans cette même commune, que si vous ne faisiez qu'y passer rapidement pour la perception d'une ou deux primes.

330. Rien n'est plus facile que d'arriver à ce résultat ; pour cela, il suffit que l'assurance, au lieu d'être faite pour dix ans, le soit pour neuf ans, tant de mois, tant de jours ; supposons, par exemple, qu'au 15 novembre vous soyez appelés à faire une assurance dans une commune pour laquelle vous avez fixé la perception au 1.er mai : vous ferez l'assurance pour neuf ans cinq mois et quinze jours ; vous stipulerez dans la police que la prime annuelle sera payée le 1.er mai, et, pour la première année, vous ne faites payer à l'assuré que le prorata de cinq mois et quinze jours. (1) (Modèle N.º 10.)

331. Plusieurs de nos agents, qui ont adopté ce mode de perception, ont beaucoup à s'en louer.

332. Nous savons bien qu'il ne sera pas toujours possible d'en faire l'application à toutes les assurances d'une même commune ; mais ce sera toujours beaucoup que d'avoir pu ramener le plus grand nombre à une même échéance. Nous n'entendons d'ailleurs vous donner ici qu'un simple conseil.

TITRE III.

Des relations de l'agent avec l'assuré à l'expiration du contrat.

333. Il ne suffit pas d'accroître sa clientèle, il faut la conserver. La concurrence saura quand expirent vos polices, et elle fera tous ses efforts pour circonvenir l'assuré et vous enlever l'affaire. Ne vous laissez donc pas devancer, et, aux approches de l'expiration de la police, visitez l'assuré et proposez-lui le renouvellement. A cet effet, au commencement de chaque mois, vous relèverez sur vos livres toutes les extinctions du mois suivant, et vous adresserez immédiatement, à chaque assuré dont l'assurance doit expirer, une lettre d'avis suivant modèle N.º 35 ; le mieux sera d'accompagner vous-mêmes cette lettre, en la laissant pour souvenir à l'assuré, et de prendre jour avec lui pour conférer sur les modifications qu'il pourrait y avoir à apporter à sa police.

(1) Il sera bon de s'arranger de manière à réserver la perception des primes dans les villes, pour l'hiver, et la perception des primes dans les campagnes, pour l'été : dans l'hiver, elle y est pénible et quelquefois impraticable.

QUATRIÈME PARTIE.

334. Lorsque nous avons fait choix d'un agent, nous arrêtons avec lui nos conditions qui sont consignées dans un traité fait en double minute, sur papier libre, et sous signatures privées ; l'une des minutes reste entre ses mains, l'autre est déposée dans les archives de la direction centrale. (Modèle N.° 1.)

335. Cet acte sert à l'agent pour régler ses relations avec la compagnie ; c'est un acte privé, et qui ne doit pas être montré ; mais sur le rapport et la proposition du directeur à l'une des séances suivantes du conseil d'administration, il est délivré à l'agent une commission qui lui sert à justifier de ses pouvoirs vis-à-vis du public (modèle N.° 2) ; nous venons de voir que, quand il est nécessaire, nous y ajoutons une procuration notariée.

336. Ce que nous allons dire n'est, à proprement parler, que le développement des dispositions du traité, qui, pour tous les agents, sont à peu près les mêmes.

337. Il va sans dire que l'agent n'étant pas un *courtier*, mais un *mandataire*, il ne peut, à aucun titre, se charger de l'agence ou des affaires d'une autre compagnie d'assurances contre l'incendie ; il ne peut même se charger de l'agence d'une compagnie d'assurances maritimes, sur la vie ou de remplacement militaire ou autre, sans l'autorisation de la direction centrale.

338. La circonscription de chaque agent est nettement tracée dans son traité. Nous ne répéterons pas ce que nous avons dit sur les assurances en dehors de cette circonscription. (Art. 149 et 150.)

339. La commission allouée à l'agent sur les affaires réalisées dans son agence est de deux sortes : commission d'assurances et commission de recettes ; il ne faut pas les confondre : l'une est irrévocablement la propriété de l'agent, il peut l'aliéner et se la faire précompter ; l'autre est inaliénable, elle demeure la propriété de la compagnie, qui l'alloue au percepteur de la prime, quel qu'il soit, et ne devient la propriété de l'agent que s'il encaisse, et au fur et à mesure de l'encaissement.

340. Ainsi, supposons ce qui est le plus ordinaire, que la commission allouée à l'agent soit de 15 p. % annuellement ; 10 p. % sont appliqués à la commission d'assurance, et 5 p. % à la commission de recette.

341. Les 10 p. % deviendront, comme nous l'avons dit, la propriété irrévocable de l'agent, du jour où l'assurance est souscrite et pour toute sa durée, en sorte qu'il aura le droit de se la faire précompter à raison de 75 p. %, la première année pour dix ans ; si, la première année, il n'a pas usé de ce droit, il pourra toujours en user au prorata, même le jour où il viendrait à quitter l'agence. Mais la commission de recette de 5 p. % ne peut jamais être escomptée ; elle est acquise chaque année sur chaque prime à l'agent ou à son successeur, ou à quiconque est chargé de la perception de la prime.

342. Du reste, dans presque tous les traités, la commission d'assurance est stipulée comme précomptée. (Modèle N.º 1.)

343. Quand la commission est précomptée pour plusieurs années, pour dix ans par exemple, il est bien entendu que la police aura *effectivement* une durée de dix ans ; car, s'il y a diminution de primes ou résiliation avant l'expiration des dix ans, il est bien clair que l'agent devra à la compagnie ristourne de sa commission au prorata, d'abord, parce que cela est juste, ensuite, parce que, s'il pouvait en être autrement, l'agent n'aurait pas intérêt à n'assurer que des personnes solvables, et qu'il pourrait s'entendre avec l'assuré et se faire un jeu des résiliations pour ne faire durer qu'un ou deux ans les assurances stipulées pour une durée de six, de sept, huit, dix ans, et absorber ainsi toutes les primes. (Modèle N.º 1.)

344. Comme nous l'avons dit plus haut, vous en userez de même vis-à-vis de vos sous-agents. (Art. 123.)

345. La compagnie supporte tous les frais d'affixion d'affiches et de première distribution de prospectus, d'insertion dans les journaux, de port et d'affranchissement de toutes lettres et de tous paquets échangés entre l'agent principal et la direction centrale ; elle supporte également tous frais de déplacement de l'agent principal en cas d'incendie, ou quand il est requis par la direction centrale ou par l'inspection ; mais elle laisse à votre charge tous frais de correspondance entre vous et vos sous-agents, et tous frais de déplacement non requis; en un mot, toutes les dépenses qui ne sont pas particulièrement spécifiées dans le traité comme étant à la charge de la compagnie. (Modèle N.º 1.)

346. Nous avons dit quelles sont les assurances pour lesquelles la direction centrale doit

être préalablement consultée ; nous ne reviendrons par là-dessus. (Art. 104, 130, 134, 145, 194 et 276.)

347. Dès qu'une police est rédigée, vous lui donnez le numéro de votre agence et vous l'enregistrez sur le livre des assurances ; quand elle a été signée, une des minutes a été remise à l'assuré, l'autre est destinée à la direction centrale ; vous devrez en faire une copie qui restera pour renseignement dans vos archives. Vous pourrez vous dispenser de cette copie si la proposition a été bien rédigée, et si la police en a été la fidèle reproduction.

348. Vous rangerez avec ordre ces propositions ou copies de polices dans un carton, pour les retrouver au besoin.

349. En ce qui concerne les avenants, vous vous rappellerez que, si c'est un *avenant-police*, il devra être enregistré sur le livre des assurances ; si, au contraire, c'est un avenant de diminution de prime ou de résiliation ou un avenant d'ordre, il devra être enregistré sur le livre d'avenants.

350. Vous devrez également garder copie de chaque avenant ; si c'est un avenant-police, la copie prendra sa place dans l'ordre des polices ; si c'est un avenant de diminution ou de résiliation ou avenant d'ordre, vous joindrez la copie à la copie de la police à laquelle il se rapporte.

351. Dans les cinq premiers jours de chaque mois, vous recueillerez toutes les polices et tous les avenants souscrits pendant le cours du mois précédent, et *vous en ferez un bordereau en double minute* conforme au modèle N.° 36, inscrivant d'abord les polices ou avenants-polices dans leur ordre de numéros, puis les autres avenants, également dans leur ordre de numéros, et vous laisserez en blanc la colonne des numéros de la direction centrale. Si une police déjà terminée et enregistrée n'est pas encore rentrée, ne la portez pas sur le bordereau ; elle fera partie du bordereau suivant ; mais nous vous engageons à prendre toutes vos mesures pour éviter ces retards.

352. Vous ferez un paquet des polices, des avenants et du double bordereau, et vous expédierez le tout à la direction centrale, avec une lettre d'avis, le 5 du mois au plus tard ; un envoi postérieur à cette date apporte une véritable perturbation dans nos écritures et notre comptabilité. (Modèle N.° 37.)

353. Le paquet sera expédié par messager, messageries, chemin de fer ou toute autre voie, la plus commode, la plus prompte et la moins dispendieuse ; la lettre d'avis devra toujours être expédiée par la poste.

354. A la réception de votre paquet, vos polices et avenants seront enregistrés sur nos livres, et les numéros de la direction centrale seront portés sur les bordereaux dont un double vous sera renvoyé ; vous devrez alors porter immédiatement ces numéros sur vos livres et sur vos copies de polices et d'avenants, et, dans notre correspondance, quand nous aurons à nous entretenir d'une police ou d'un avenant, nous devrons réciproquement les désigner tout-à-la-fois par votre numéro d'agence et par le numéro de notre direction centrale ; ainsi nous dirons :

la police N.° 48 /26735. — L'avenant N.° 0,12 / 0,1476 ; de cette manière il nous sera réciproquement facile de retrouver de suite la pièce à laquelle il est fait allusion. (Modèle N.° 38.)

355. Quand une police couvrira plus de trente mille francs sur un seul risque, ou quand elle sera un supplément à une précédente assurance couvrant déjà à peu près cette valeur, ou quand l'assurance couvrira un risque contigu à un précédent déjà assuré, et qu'ensemble ils dépasseront ce chiffre, vous ne devrez pas attendre l'envoi mensuel pour l'adresser à la direction centrale ; elle devra être expédiée dans les vingt-quatre heures de sa réalisation ; il vous en sera accusé réception, et en même temps on vous donnera le numéro de la direction centrale sous lequel elle aura été enregistrée, et ce numéro devra figurer dans votre prochain bordereau mensuel. (Modèle N.° 38.)

356. Pour la correspondance, soit avec la direction centrale, soit avec le public, soit avec vos sous-agents, nous vous engageons à faire imprimer des lettres à tête avec votre adresse ; c'est plus administratif, d'un bon effet, et c'est fort peu coûteux. (Modèle N.° 38.)

357. Chaque fois que vous avez à écrire à la direction centrale, vérifiez auparavant si vous n'en avez pas reçu une lettre postérieure à votre dernière ; dans ce cas, vous nous en accuserez réception, et vous répondrez à tout son contenu ; en tout cas, vous confirmerez votre dernière, et nous ferons de même : en sorte que, dans notre correspondance réciproque, il s'établira une suite non interrompue de rapports d'une lettre à l'autre, qui permettra de remonter facilement de la dernière à la première, et qui fera voir immédiatement si une lettre ou un paquet ont été égarés. (Modèle N.° 38.)

358. La date devra être portée au haut de la lettre. (Modèle N.° 38.)

359. Dans votre correspondance, vous devrez vous abstenir de tout ce qui n'a pas un rapport immédiat aux affaires de l'agence ou de la compagnie. Si vous avez à nous entretenir d'un sujet étranger aux assurances, vous devez en faire l'objet d'une lettre spéciale.

360. Vous devrez garder copie de toutes les lettres que vous écrirez, et conserver toutes les lettres reçues, et les ranger par ordre de date.

361. La comptabilité, pour la plupart des compagnies, forme la partie la plus longue et la plus compliquée des instructions ; elle offre aux agents de véritables difficultés, surtout quand ils n'ont pas l'usage des écritures administratives ou commerciales. Chez nous, elle est fort simple, et, d'ailleurs, elle est toute concentrée à la direction centrale qui adresse à chaque agent ses comptes, en sorte qu'il n'a plus qu'à les vérifier. L'article de la comptabilité ne va donc occuper ici qu'une fort petite place.

362. Vous n'avez d'autres livres à tenir que le livre d'enregistrement des polices, le livre de l'enregistrement des avenants et le livre de caisse, dont la tenue ne demande ni études préparatoires ni explications. (1) (Modèles N.°s 39 et 40.)

_____

(1) Nous ne donnons pas de modèle du livre d'enregistrement de police, il aurait rendu les instructions trop volumineuses.

363. Toutefois, nous verrons avec plaisir, sans l'exiger, que vous établissiez une comptabilité complète et régulière.

364. Chaque mois vous recevrez de la direction centrale les quittances des primes à encaisser le mois suivant, et un bordereau de ces primes. En conservant ces bordereaux, vous avez, outre les trois autres livres, tous les éléments de votre comptabilité. (Modèle N.° 41.)

365. Si une prime ne peut être encaissée, vous devrez renvoyer la quittance à la direction centrale dans le mois de la date de son exigibilité, et dire les motifs du non-encaissement.

366. Dès que votre encaisse dépassera deux cents francs, vous devrez l'adresser à la direction centrale, soit en un sac d'argent, soit en papier à courte échéance et de toute sûreté. Le mieux sera, pour vos remises, de vous entendre avec les messageries nationales ou les messageries Caillard, qui, ordinairement, traitent à des conditions raisonnables.

367. Autant que possible, vous profiterez de l'envoi du bordereau mensuel pour faire en même temps la remise de votre encaisse.

368. A la fin de chaque trimestre, la direction centrale fait établir votre compte et vous l'adresse, et, en même temps, elle dispose sur vous pour le solde, sauf réglement ultérieur pour erreur ou omission, s'il y a lieu, et elle vous avise de cette disposition. (Modèle N.° 42.)

369. Si vous n'êtes pas en mesure d'y faire honneur, vous devez avertir immédiatement la direction centrale, afin qu'elle retire son mandat de la circulation, s'il en est encore temps. Votre silence équivaudra à acceptation de notre traite; et, si elle n'est pas payée, vous supportez tous les frais de retour.

370. Dans la huitaine de la réception de votre compte, vous devrez adresser à la direction centrale votre approbation ou vos observations, s'il y a lieu. Ce délai expiré, votre compte sera réputé approuvé. Tout reliquat non acquitté dans le mois de l'approbation du compte porte intérêt à 5 p. %

371. Votre compte sera débité d'abord de la prime de première année de chaque assurance que vous aurez réalisée dans le courant du trimestre; il le sera, ensuite, du total des primes de chaque bordereau mensuel.

372. Il sera crédité de votre commission sur la prime des assurances réalisées dans le trimestre et de vos commissions de recette sur le montant des primes de chaque bordereau.

373. Il sera crédité, en outre, de toute prime qui n'aura pu être encaissée, et dont vous aurez renvoyé la quittance à la direction centrale; il sera crédité de vos débours, et enfin de vos remises.

374. Tel sera, à peu près, chaque compte trimestriel, et vous voyez combien il vous sera facile d'en vérifier l'exactitude. (Modèle N.° 42.)

375. Nous n'exigeons non plus de nos agents aucune comptabilité pour le matériel; parce que tout matériel qui vous est envoyé est immédiatement passé au compte de profits et pertes, et nous ne gardons note des envois que pour ordre et mémoire.

9

376. A cet effet, nous avons des bulletins de demande et d'expédition de matériel. Toutes les fois donc que vous aurez à nous adresser une demande de matériel, quelque peu importante qu'elle soit, vous devrez l'accompagner d'un bulletin de demande, indiquant d'une manière précise le nombre d'exemplaires de chaque imprimé que vous désirez recevoir. (Modèle N.° 43.)

377. Pour éviter les frais, faites en sorte de ne pas réitérer trop souvent ces demandes. Nous vous engageons à faire la revue de votre matériel à la fin de chaque semestre, et à nous adresser alors la demande de tout ce que vous prévoyez devoir vous être nécessaire pour le semestre suivant.

378. Si votre matériel, tel que le supposent les présentes instructions et les modèles dont elles sont suivies, n'est pas complet, nous vous engageons à nous adresser la demande de tout ce dont vous manquerez : vous le recevrez immédiatement.

379. Vous voudrez bien appliquer à vos sous-agents, pour vos relations avec eux, tout ce qui pourra trouver son application dans ce que nous venons de dire de vos relations avec la direction centrale. (Art. 102 et suiv.)

CINQUIÈME PARTIE.

380. Nous touchons au point le plus délicat de ces instructions : si vous n'avez assuré que des personnes d'une probité éprouvée, si vous avez apporté dans l'assurance toute la régularité désirable, si vous avez perçu la prime exactement, vous aurez prévenu beaucoup de difficultés et d'embarras ; mais il devra s'en rencontrer encore. C'est dans ce moment surtout qu'il faut déployer une énergique activité, faire preuve de sagacité, de prudence, et, au milieu du trouble et de la confusion, conserver un calme, un sang-froid d'autant plus nécessaire qu'alors ordinairement tout le monde perd la tête. Sachez donc maîtriser une émotion bien naturelle, mais qui pourrait être préjudiciable à nos intérêts.

381. Les compagnies sont dans l'usage de faire régler les sinistres par leurs inspecteurs ; outre que c'est là une de leurs attributions, cette mesure est aussi commandée par les convenances. — Dans une agence, un sinistre est un événement rare et exceptionnel ; pour la compagnie, au contraire, c'est un événement de tous les jours. Les inspecteurs ont donc pour ces sortes d'affaires une expérience que ne saurait avoir l'agent.

382. L'agent, d'ailleurs, pour régler un sinistre, se trouve dans une position fausse ; vis-à-vis de la compagnie il peut être en suspicion d'avoir été trop facile et de l'avoir sacrifiée à sa clientèle ; et, vis-à-vis de sa clientèle, il peut être en suspicion d'avoir été trop rigoureux et de l'avoir sacrifiée à sa compagnie.

383. Cette partie des instructions s'adresse donc pour le moins autant aux inspecteurs qu'aux agents.

384. Mais, en tout cas, ces derniers sont appelés à prendre les premières mesures conservatoires, c'est-à-dire celles desquelles dépendra tout le réglement, et, par leurs connaissances spéciales des lieux, des personnes et des choses, ils peuvent aider puissamment l'inspecteur dans ses investigations et ses appréciations. — Enfin, les agents règlent les petits sinistres et peuvent être appelés à en régler d'importants; nous leur recommandons donc l'étude approfondie de tout ce qui va suivre.

385. Vous devez régler vous-mêmes, sans attendre ni les ordres de la direction centrale, ni l'arrivée de l'inspecteur, tout sinistre dont le dommage ne vous paraîtra pas devoir excéder *quatre cents francs*, si vous avez l'agence de tout un département (autre que le Nord, l'Aisne, la Somme ou le Pas-de-Calais, à raison de leur proximité du siége de la compagnie); *trois cents francs* si vous avez l'agence de tout un arrondissement (en dehors de ces limites); *deux cents francs* si vous avez l'agence d'un canton ou d'une commune (toujours en dehors de ces mêmes limites).

386. Il est bien entendu que cette faculté est restreinte aux agents principaux, en relations directes avec la direction centrale, et qu'elle ne vous dispense ni de l'avis que vous devez nous donner immédiatement du sinistre, ni des formalités prescrites, ni des précautions recommandées pour les réglements ordinaires. Il est bien entendu également que ce réglement reste toujours, comme celui de l'inspecteur, soumis à l'approbation du conseil d'administration.

387. En suivant l'ordre naturel des divers incidents qui accompagnent et suivent un incendie, nous allons examiner successivement : 1.° quelles sont les mesures conservatoires à prendre pendant et après l'incendie; 2.° comment on apprécie le dommage; 3.° le paiement; et 4.° s'il faut en venir à cette extrémité, l'arbitrage ou l'instance judiciaire.

TITRE I.er

Mesures conservatoires.

CHAPITRE 1.er

MESURES CONSERVATOIRES PENDANT L'INCENDIE.

388. Dès que vous avez connaissance qu'un incendie frappe ou menace des valeurs assurées par la compagnie dans la circonscription de votre agence, vous devez en informer immédiatement la direction centrale, par une lettre en quelques lignes, indiquant simplement le numéro de la police et le nom de l'assuré (1) (Modèle N.° 44); les moments sont précieux; les détails viendront plus tard.

389. Vous vous transportez ensuite en toute hâte sur les lieux, pour y provoquer des secours et surtout des secours bien ordonnés, pour prévenir la confusion, le désordre, le pillage qui, ordinairement, accompagnent l'incendie, et pour veiller au sauvetage et au placement, en lieu sûr, des objets qui auront pu être sauvés.

390. A cet effet, vous vous entendez, autant que possible, avec les autorités et avec l'assuré, et vous excitez par tous les moyens le zèle des pompiers et des habitants, en faisant envisager que l'incendie peut se propager, en garantissant le remboursement par la compagnie de tous les frais faits pour arrêter ses progrès et pour aider au sauvetage, et en faisant espérer que le dévouement aura sa récompense.

391. Vous veillerez surtout à ce que le sauvetage se fasse avec ordre et intelligence; souvent des meubles ou des marchandises ne sont arrachés aux flammes que pour être brisés ou foulés aux pieds.

392. Vous veillerez aussi à ce que l'autorité fasse écarter la foule des curieux oisifs qui,

(1) Si l'incendie éclate dans une sous-agence, le sous-agent doit avertir en même temps l'agent principal et la direction centrale; c'est le seul cas auquel il doit correspondre avec elle.

presque toujours, recèle des voleurs, et qui, en tous cas, gêne l'action des secours actifs et du sauvetage.

393. Dans l'incendie, sachez comprimer un élan naturel et généreux, mais mal calculé ; gardez-vous de porter secours vous-mêmes, de vous faire *porte-faix* ou *porteur d'eau ;* réservez toute votre liberté d'esprit et votre liberté d'action pour diriger, encourager, surveiller. Vous vous rendrez cent fois plus utile à l'assuré comme à la compagnie. Dans une tempête, le vaisseau est perdu si le capitaine quitte son poste pour se mêler aux matelots et tirer avec eux sur les manœuvres.

394. L'eau est le moyen le plus ordinaire et presque toujours aussi le plus efficace pour éteindre le feu ; mais il ne faut pas se dissimuler que, quelquefois, on en fait abus, et que, surtout dans les établissements industriels, elle cause souvent plus de dégâts que le feu même. Lorsque l'incendie a fait des progrès, l'emploi de l'eau devient sans doute indispensable ; mais, dans les premiers moments, il est d'autres moyens préférables : le plus puissant de tous est la privation d'air. En fermant hermétiquement et en temps utile toutes les ouvertures, en répandant des cendres, de la terre, du sable, du fumier sur le foyer de l'incendie; en le couvrant de grosses toiles mouillées, presque toujours on s'en rend maître et on l'étouffe très-promptement.

395. Si la démolition d'un bâtiment voisin du foyer de l'incendie vous paraît nécessaire pour isoler et préserver des valeurs assurées par la compagnie, vous provoquerez cette démolition auprès de l'autorité ; si, au contraire, l'autorité se préparait à démolir un bâtiment assuré par la compagnie, et que la démolition ne vous parût pas être indispensable, vous vous y opposeriez énergiquement ; et si vos observations n'étaient pas écoutées, vous protesteriez, soit par exploit d'huissier, soit par acte notarié, et vous feriez intervenir dans l'acte le plus grand nombre possible de témoins notables.

CHAPITRE II.

MESURES CONSERVATOIRES APRÈS L'INCENDIE.

396. Dès que vous êtes parvenu à comprimer l'incendie, ou si vous n'arrivez sur les lieux qu'après qu'il est éteint, vous avez encore de nombreux et importants devoirs à remplir.

397. Vous devez, d'abord, écrire à la direction centrale, ainsi que nous l'avons dit ; vous

indiquerez le numéro de la police (1) et le nom de l'assuré, la cause présumée de l'incendie, et, autant que possible, le montant approximatif du dommage, et vous entrez dans tous les détails dont vous pensez que la connaissance peut être utile à la compagnie. Vous n'attendrez pas la réponse pour écrire de nouveau, chaque fois que vous aurez de nouveaux détails à donner ou de nouveaux incidents à faire connaître, ou de nouvelles instructions à demander. (Modèle N.° 45.)

398. S'il est à votre connaissance qu'un inspecteur de la compagnie soit dans le voisinage, vous lui annoncerez le sinistre en même temps qu'à la direction centrale.

399. D'après le contenu de vos lettres, la direction centrale décide si elle enverra un inspecteur ou si elle vous priera de suivre vous-même le réglement, et, en tous cas, elle vous indiquera la marche à suivre.

400. En attendant les instructions particulières de la direction centrale ou l'arrivée de l'inspecteur, ou, si vous devez diriger vous-même le réglement, vous vous conformez ponctuellement aux présentes instructions.

§ 1.ᵉʳ

Mesures conservatoires du fait du sinistré.

401. Les conditions générales de la police imposent au sinistré plusieurs obligations : vous aurez soin de vous entendre avec lui pour qu'il les remplisse : vous devez donc, dès l'abord, vous mettre en rapports avec lui, et, autant que possible, en bons rapports.

402. L'expérience a malheureusement démontré qu'un grand nombre d'incendies sont le résultat d'un crime, sont le fait des assurés eux-mêmes (2), ou qu'au moins beaucoup d'assurés profitent de cette funeste circonstance pour réaliser ou essayer de réaliser un bénéfice illégitime,

(1) Le numéro de votre agence et le numéro de la direction centrale.

(2) On a fait une singulière observation : la révolution de 1830 a été, pendant deux ans, précédée de nombreux et désastreux incendies : dès qu'elle a éclaté, les incendies ont cessé comme par enchantement. Les temps qui ont précédé la révolution de février, c'est-à-dire les mois d'octobre, novembre, décembre et janvier, et les premiers jours de février, ont été ruineux pour les compagnies d'assurances. A dater du 24 février, et pendant quelques mois, la moyenne des incendies a baissé tout-à-coup de plus de cinquante pour cent au-dessous de la moyenne ordinaire.
En Allemagne et en Italie, il en a été même : dans chaque localité, les troubles ont été précédés par les incendies, dans une proportion tout-à-fait anormale et véritablement effrayante ; puis, à mesure que les troubles éclataient, le nombre des incendies décroissait dans une proportion inverse et non moins anormale.

ou, tout au moins, pour se faire illusion sur les règles de l'équité ; mais, en définitive, le crime ni la fraude ne se présument pas, et, jusqu'à preuve du contraire, vous devez considérer et traiter le sinistré comme une victime malheureuse d'un événement fortuit ou de la malveillance d'autrui.

403. Que vos premières paroles soient donc des paroles de sympathie et de consolation ! Rappelez dans cet esprit troublé, inquiet, agité, le calme et la confiance. Dites au sinistré que tout n'est pas perdu, que la compagnie sera pour lui une bienveillante amie, qu'elle réparera ses pertes ; s'il manque d'argent, ouvrez-lui votre bourse pour les premiers besoins ; si quelques personnes de la maison ont été brûlées ou blessées, soyez des premiers à leur procurer les secours du médecin ; entremettez-vous, s'il le faut, pour trouver un logement, un asile à cette famille affligée; que votre présence au milieu d'elle, en un mot, soit, non pas un fardeau, une inquisition tracassière, mais, au contraire, une cause de joie et de bonheur.

404. Par ces bons procédés, non-seulement vous aurez accompli un devoir suggéré par l'humanité, qui doit être notre premier mobile ; mais, en outre, vous aurez gagné la confiance du sinistré : si, dans la crainte d'une rigueur excessive de la part de la compagnie, il était disposé à exagérer ses prétentions, il reviendra de cette première prévention et sera ramené à des idées plus équitables. Si, malheureusement, il est coupable, vous aurez amoncelé des charbons ardents sur sa tête : car, croyez-le bien, des duretés n'auraient fait que l'exaspérer, que le rendre plus méfiant, plus dissimulé, plus intraitable, et auraient indisposé contre vous son entourage. Par la douceur vous arriverez simplement et naturellement à découvrir des vérités qui, sous les glaces de la rigueur, seraient restées peut-être à jamais ensevelies.

405. Mais, si l'humanité vous impose la bienveillance, la justice vous commande la prudence. Il est à présumer que le sinistré est innocent ; mais il est possible qu'il soit coupable, et, pour cette hypothèse, vous avez à prendre toutes les mesures, à vous entourer de toutes les précautions qui doivent sauvegarder les droits et les intérêts de la compagnie, et, comme nous l'avons dit déjà, ceux de la société toute entière, puisqu'une indemnité allouée au crime ou à la mauvaise foi serait un encouragement pour de nouveaux crimes ou de nouvelles fraudes. Et, même vis-à-vis du sinistré innocent et de bonne foi, il faut que la position soit nettement et équitablement établie.

406. Ne vous engagez donc dans aucun acte duquel on pourrait inférer que le droit à l'indemnité est reconnu, et que les prétentions du sinistré sont admises ; mais, au contraire, ne consentez à aucun acte qu'avec la clause de réserve de tous les droits de la compagnie.

407. Outre les soins que le sinistré doit, comme bon père de famille et de concert avec vous, à la préservation, à la conservation et au meilleur sauvetage possible des valeurs assurées (1), il est astreint à trois formalités : la première est la déclaration de l'incendie devant le juge-de-

(1) Cond. gén. de la police, art. 9, 1.er alinéa.

paix; la seconde, c'est la déclaration qu'il vous doit à vous-mêmes, et qui doit contenir l'état de ses pertes; la troisième, c'est la justification de ces pertes (Cond. gén. de la police, art. 9 et 10.)

408. Ce sont trois choses parfaitement distinctes, qu'il ne faut pas confondre les unes avec les autres, et dont vous devrez rappeler l'accomplissement au sinistré, d'abord dans son propre intérêt, pour qu'il ne se trouve pas dans le cas de déchéance prévu par l'art. 9 des conditions générales de la police, ensuite dans l'intérêt de la compagnie, pour qu'elle soit bien fixée sur la nature et l'importance de ses obligations vis-à-vis du sinistré.

409. La déclaration devant le juge-de-paix doit être immédiate : faites en sorte qu'elle ait lieu dans les vingt-quatre heures, et faites envisager au sinistré qu'un plus long retard pourrait lui être préjudiciable. Du reste, elle n'exige pas de grands détails : il suffit qu'elle indique l'époque précise du sinistre, sa durée, ses causes connues ou présumées, les moyens pris pour en arrêter les progrès, ainsi que les circonstances qui l'ont accompagné, enfin la nature et la valeur approximative du dommage. (Modèle N.° 46.)

410. Si vous êtes présent à cette déclaration et que le chiffre déclaré vous paraisse exagéré, vous devez en faire l'observation; mais, si le sinistré persiste, n'insistez pas ; car cette déclaration ne saurait être un titre pour lui, et elle pourra bien être un titre contre lui. Exigez seulement que mention soit faite de votre observation au procès-verbal.

411. La déclaration qui vous est faite à vous-mêmes, et qui contient l'état des pertes, doit être plus détaillée : outre que, pour la faire, le sinistré a eu le temps de se reconnaître, elle servira de point de départ pour le réglement du sinistre : elle doit donc être précise et complète. Ainsi, l'état des pertes établira : 1.° la valeur de toutes les choses assurées ; 2.° la valeur de ce qui est détruit ; 3 ° la valeur du sauvetage intact, la valeur du sauvetage avarié. (Modèle N.° 47.)

412. Il sera dressé un état séparé des pertes en ce qui concerne les bâtiments, des pertes en ce qui concerne le mobilier personnel ou industriel, des pertes en ce qui concerne les récoltes ou les marchandises. (Modèle N.° 47.)

413. Le sinistré doit ensuite justifier, par tous les moyens et documents en son pouvoir, l'exactitude de ces états, c'est-à-dire l'existence et la valeur des objets assurés.

414. Engagez le sinistré à faire cette justification d'une manière complètement satisfaisante : il abrègera ainsi de beaucoup les lenteurs du réglement, et s'épargnera aussi une enquête inquisitoriale et beaucoup de tracas ; car il faudra bien que l'expertise supplée au défaut des déclarations et des justifications du sinistré.

§ II.

Mesures conservatoires du fait de l'agent.

415. Les mesures conservatoires qui sont plus particulièrement votre fait, ont pour objet, les unes, de préserver les choses assurées, et d'obtenir le meilleur sauvetage possible; de préparer la constatation de l'existence, de la quantité, de la qualité d es choses assurées; les autres, de sauvegarder les droits et les intérêts de la compagnie, soit à l'égard du sinistré, soit à l'égard des tiers.

416. Vous devrez vous entendre avec l'assuré et avec l'autorité pour que, comme il arrive quelquefois, l'incendie ne se renouvelle pas, et pour que, le cas échéant, il soit promptement et énergiquement comprimé. A cet effet, si l'incendie a été considérable, il sera bon, pendant quelques jours, et jusqu'à ce que les cendres soient entièrement refroidies, que des pompiers veillent jour et nuit avec leur pompe et de l'eau toujours prêtes, pour se porter de suite sur les points où les flammes viendraient à surgir.

417. Vous prendrez aussi des mesures pour prévenir de nouvelles dégradations que les suites de l'incendie ou les intempéries de la saison pourraient occasionner aux bâtiments, et, s'il est nécessaire et que la chose en vaille la peine, vous préposerez des gardiens dont la fidélité vous sera connue (1), et vous leur prescrirez de ne laisser rien enlever, ni par l'assuré, ni par des tiers, pas même les débris qui leur paraîtraient n'être d'aucune valeur, parce que, pour les experts, les débris peuvent être d'une grande importance dans l'appréciation des quantités et des qualités des choses détruites ou avariées.

418. S'il n'y a pas danger de dégradation, vous laisserez toutes choses en l'état où l'incendie les aura mises, jusqu'à l'arrivée de l'inspecteur et des experts. Dans le cas contraire, vous ferez déblayer et vous ferez classer et mettre à l'abri, dans d'autres locaux, toutes choses, chacune selon son espèce et selon son degré d'avaries, et, comme nous venons de le dire, vous conserverez les moindres débris, même ceux qui, à vos yeux, sembleraient être de nulle valeur, et vous vous garderez bien de faire jeter à la voirie les cendres et autres débris informes qui sont encore pour les experts des éléments d'appréciation.

---

(1) Autant que possible , faites que ces gardiens soient des militaires: leur uniforme en impose , et leur habitude d'une consigne rigoureuse offre une grande sécurité ; en outre , presque toujours étrangers , ils sont à l'abri des influences locales.

419. S'il y a lieu à déblayer, à déplacer et à classer les choses sauvées, intactes ou avariées, vous dresserez un double état de ce sauvetage et vous le signerez et le ferez signer par l'assuré; et, au cas de son refus, par des témoins notables, et, s'il est possible, par le maire ou un adjoint, ou un commissaire de police, ou par toute autre autorité.

420. Après un sinistre, aux yeux des personnes inexpérimentées, *tout est détruit;* mais effectivement il n'en est pas ainsi; l'expérience a démontré que les incendies les plus violents laissent encore après eux un sauvetage considérable, et que, dans tous les incendies, il y a plus de désordre et de confusion que de pertes réelles; il est donc de la plus haute importance de tout conserver, et pour obtenir un meilleur sauvetage, et pour mieux apprécier ce qui a été avarié ou entièrement sauvé.

421. Il est une précaution qui est aussi de la plus grande importance et que vous aurez soin de ne pas négliger, c'est de vous faire représenter le plus tôt possible les livres et papiers de l'assuré. Vous les parapherez et vous les lui ferez parapher à lui-même, et, s'il y a lieu, vous exigerez qu'ils soient mis sous clef ou confiés à un officier public, tel qu'un notaire ou un juge-de-paix.

422. Nous avons dit : S'il est à présumer que le sinistré est innocent, il peut arriver qu'il soit coupable. Vous ne devez jamais perdre de vue cette malheureuse hypothèse, toute pénible qu'elle puisse être, et, dès les premiers instants, votre attention doit se porter sur les causes de l'incendie.

423. C'est dans les premiers instants, en effet, que le point de départ et la marche du feu peuvent être constatés le plus facilement; que la contenance, les allures, les discours du sinistré, des membres de sa famille, des domestiques, des voisins, ont une grande portée; observez tout, prenez note de tout; un seul mot, un coup-d'œil peuvent quelquefois être des indices précieux et le premier élément de révélations importantes; mais que tout cela soit fait discrètement et sans affectation; faites parler beaucoup, parlez peu vous-mêmes, et prenez soin de ne pas vous poser en juge-instructeur; il ne faut ni blesser la juste susceptibilité d'un sinistré innocent, ni révéler vos soupçons au sinistré coupable. Gardez-vous surtout de les révéler au public, même à vos plus intimes amis, s'il n'y a pas nécessité. La réputation de l'homme honnête est son plus précieux trésor, une parole indiscrète pourrait la lui faire perdre.

424. Si tout ce que vous avez vu et entendu vous fait croire que véritablement le sinistré est coupable, faites part de vos soupçons au ministère public; mais gardez-vous de vous porter partie civile ou dénonciateur. Vous ne devez à la justice que de simples révélations, que de simples renseignements qu'elle appréciera dans sa sagesse.

425. Mais encore, avant de faire cette démarche, pesez bien toutes choses : songez au trouble, qui domine l'esprit de tout sinistré après le sinistre; songez qu'il n'est à l'abri ni de la malice d'un ennemi, ni des cancans d'une commère, ni de la parole légère d'un indifférent, ni des tracasseries compromettantes d'un important ou d'un brouillon.

426. Votre conviction une fois faite, marchez hardiment et avec fermeté, et demandez énergiquement que justice soit faite du coupable. C'est l'intérêt de la société autant que le nôtre.

427. Le sinistré peut n'être pas l'auteur de l'incendie, et cependant n'avoir aucun droit à l'indemnité, s'il s'est mis dans un des cas de déchéance prévus par les conditions générales de la police.

428. Nous vous rappelons que ces cas de déchéance sont :

1.° L'omission de l'une des déclarations prescrites par les articles 3, 4 et 5 des conditions générales de la police. (Cond. gén., art. 6, 2.ᵉ alinéa).

2.° La réticence ou la fausse déclaration dans la police, lesquelles auraient diminué l'opinion du risque ou en auraient changé le sujet. (Cond. gén., art. 6, 2.ᵉ alinéa.)

3.° Le non paiement de la prime dans la quinzaine de son exigibilité. (Cond. gén., art. 8.)

4.° Le défaut de production, dans la quinzaine de la date du sinistre, des documents exigés par l'art. 9 des conditions générales.

5.° L'exagération désordonnée dans la déclaration du montant des dommages. — La déclaration de destruction par le feu de choses qui n'existaient pas au moment de l'incendie. La dissimulation ou soustraction de tout ou partie des objets assurés. — L'emploi, comme justification, de moyens ou documents frauduleux ou mensongers. (Cond. gén., art. 10, 4.ᵉ alinéa.)

6.° Enfin la prescription de six mois. (Cond. gén., art. 18.)

429. Vous aurez soin de vérifier scrupuleusement si le sinistré ne se trouve pas dans un de ces cas de déchéance, et vous ferez en sorte d'en constater la preuve ; vous nous en informerez et vous attendrez nos instructions. Sur votre rapport, et suivant les circonstances, la compagnie appréciera si elle doit ou non user de ses droits.

430. Enfin, le droit du sinistré à l'indemnité peut être incontestable, mais donner ouverture au recours de la compagnie contre des tiers. Vous aurez donc à vérifier également si elle n'a pas l'un de ces droits à exercer, afin que nous prenions nos mesures en conséquence.

431. Nous vous rappelons que les droits de recours de la compagnie sont :

1.° Le recours contre l'auteur ou le complice du crime d'incendie;

2.° Le recours contre le locataire ;

3.° Le recours contre le voisin ;

4.° Le recours contre la compagnie, premier assureur ou co-assureur.

432. 1.° Si l'incendie paraît avoir pour cause la malveillance d'un tiers, vous rechercherez les traces du crime et du criminel, avec l'activité, la prudence, la circonspection que nous venons de vous recommander plus haut, et vous ferez également vos révélations à la direction centrale et au ministère public ; vous nous direz en même temps si le coupable présumé est solvable, afin que nous fassions pratiquer en temps utile, toutes saisies, oppositions ou autres actes conservatoires.

433. 2.° Si l'immeuble incendié est occupé par un locataire que la compagnie n'ait pas

assuré, et que l'incendie ne provienne pas d'une cause étrangère ou d'un vice de construction, il y aura également lieu à faire à son égard tous actes conservatoires.

434. 3.º Il en sera de même s'il est notoire que le feu a commencé chez le voisin et que c'est par sa faute qu'il a éclaté et s'est communiqué.

435. Dans ces deux cas, vous aurez également soin de nous avertir.

436. 4.º Enfin, si nous avons garanti la précédente assurance d'une autre compagnie, nous aurons à nous faire rembourser intégralement par cette compagnie, et, si au lieu d'une reprise, il y a eu simplement co-assurance (1), dans les termes de l'art. 5 des conditions générales de la police, nous ne devrons l'indemnité qu'au centime le franc de la somme assurée par nous.

TITRE II.

De l'expertise.

CHAPITRE I.er

DU COMPROMIS.

437. Nous avons vu (art. 241 et suivants) que l'évaluation préalable, même par experts, au jour de la signature de la police, ne saurait dispenser d'une nouvelle évaluation après le sinistre. et nous avons vu aussi qu'un système contraire aurait d'immenses dangers, non-seulement pour les compagnies, mais pour la société, puisqu'ils seraient une source d'incendies volontaires. Ce n'est donc pas une loi, faite exclusivement dans l'intérêt des compagnies, mais une mesure d'ordre public *imposée* par le gouvernement à toutes les compagnies. (2)

(1) Il ne faut pas confondre cette co-assurance avec celle dont nous avons parlé art. 91. Dans l'une, chaque compagnie assure le tout ; dans l'autre, chaque compagnie n'assure qu'une part sur la totalité de l'ensemble.

(2) Une compagnie, en instance auprès du gouvernement pour autorisation, avait inséré dans ses statuts la clause que l'expertise préalable et contradictoire au jour de la police ferait loi au jour du sinistre : le conseiller-d'état, chargé du rapport de l'affaire, écrivit, en marge de la clause, ces mots : *dangereuse,* — *immorale,* — *impossible,* et l'autorisation ne fut accordée à la compagnie qu'après qu'elle eût consenti à rentrer dans le droit commun.

438. En outre, comme nous l'avons dit aussi (art. 249), quelque consciencieuse que soit l'évaluation préalable, elle ne saurait servir de règle pour fixer le chiffre de l'indemnité, puisque la chose peut avoir augmenté ou diminué de valeur entre la date de la police et la date du sinistre.

439. Les sommes assurées ne servent donc pas de base à l'appréciation ; elles servent de limites à l'engagement de la compagnie, et d'assiette à l'établissement des primes.

440. Il faut donc de toute nécessité qu'après le sinistre il y ait une nouvelle évaluation. (Art. 241 et suiv., 462 et suiv.)

441. Maintenant, par qui cette évaluation sera-t-elle faite? Est-ce par la compagnie? Est-ce par le sinistré?

442. Quelque honnête et délicat que l'on puisse être, on se laisse si facilement aveugler par son propre intérêt, qu'il est rare qu'on l'apprécie en toute équité. Il serait donc difficile, pour ne pas dire impossible, que la compagnie et le sinistré fussent d'accord, et il vaut mieux s'en rapporter à des tiers désintéressés, à des experts.

443. Le nombre des experts peut être d'un, ou de deux ou de trois, selon que vous en serez convenu avec le sinistré; mais le mieux est qu'il ait son expert et la compagnie le sien.

444. Vous aurez donc à vous occuper du choix d'un expert.

445. L'homme à qui seront confiés les intérêts de la compagnie doit être d'une probité éprouvée, à l'abri de toute influence; d'un jugement droit et d'une grande fermeté. Enfin, ce doit être un homme spécial, c'est-à-dire ayant des connaissances qui le mettent à même d'apprécier sûrement la chose à expertiser.

446. Ainsi, s'agit-il de constructions? C'est parmi les architectes, les maçons, les charpentiers, les entrepreneurs de bâtiments que vous devez chercher votre expert ; s'il s'agit de mobilier personnel, vous devez le chercher parmi les commissaires-priseurs, les marchands de meubles, les fripiers, etc. ; si c'est un matériel industriel, l'expert devra être un constructeur, un ingénieur-mécanicien ; si ce sont des marchandises, vous prendrez un négociant tenant l'article; si enfin il y a lieu à expertiser des récoltes, des bestiaux, des instruments aratoires, vous prenez votre expert parmi les cultivateurs les plus éclairés du pays.

447. Autant que possible, ne prenez l'expert ni dans la localité même, ni trop au loin ; dans le premier cas, il lutterait péniblement, et peut-être avec désavantage, contre les influences locales; dans le second cas, il serait peut-être trop étranger aux choses de la localité; ainsi, un cultivateur de Flandre ou de Normandie ne serait peut-être pas un très-bon appréciateur des récoltes dans la Provence ou le Languedoc. Mais il est, à Paris surtout, des hommes qui font profession d'experts et dont le mérite et l'expérience sont hors de ligne : ceux-là peuvent être employés sur tous les points de la France.

448. Nous venons de dire que le nombre des experts peut être d'un, de deux ou de trois ; il est bien entendu que c'est pour chaque spécialité : ainsi s'agit-il d'expertiser tout à la fois des bâtiments, un matériel industriel et des marchandises, il devra y avoir trois commissions

d'experts : une pour les bâtiments, une pour le matériel industriel, et une troisième pour les marchandises ; à moins que, dans des circonstances exceptionnelles ou pour des sinistres peu importants, les mêmes experts puissent tout expertiser.

449. Lorsque nous avons des co-assureurs, vous devez vous entendre avec eux, pour, d'un commun accord, choisir les mêmes experts ; il y aura dans les opérations plus d'homogénéité, moins de lenteur et plus d'économie.

450. Votre choix arrêté, vous le faites connaître au sinistré, et il vous fait connaître le sien; si son expert se trouve dans un des cas de récusation prévus par la loi (code de proc. civ., art 378), vous refusez son concours, à moins que vous pensiez qu'il soit sans danger pour les intérêts de la compagnie.

451. Lorsque vous et le sinistré êtes d'accord sur le choix des experts, vous dressez, sur *papier timbré* et en double minute, le compromis conforme au modèle N.º 48.

452. Vous signez le compromis avec le sinistré, et vous donnez à signer aux experts la formule d'acceptation.

453. Un des doubles reste entre vos mains, l'autre est remis aux mains du sinistré.

454. Les experts sont dispensés du serment et de toutes formalités judiciaires.

455. A la différence du tiers arbitre, qui n'a d'autre mission que de statuer sur le différend entre les deux arbitres, le tiers expert opère en commun avec les deux autres experts, et la décision est prise à la majorité des voix ; il peut donc indifféremment être nommé simultanément avec les deux experts, ou plus tard, s'ils ne tombent pas d'accord.

456. Le tiers expert est choisi par les deux experts ; mais vous vous rappellerez que vous avez le droit de le récuser s'il est pris dans la localité. Le cas échéant, vous aurez à apprécier s'il est à l'avantage de la compagnie que vous usiez de ce droit. (Cond. gén. de la police, art. 11.)

457. Pour la sauvegarde des intérêts de tous, l'expertise peut, et même quelquefois doit se faire nonobstant tout recours que la compagnie pourrait avoir à exercer contre le sinistré, même pour poursuites criminelles ; mais il faut avoir bien soin de stipuler dans le compromis que l'expertise aura lieu, sous toutes réserves des droits de la compagnie. Du reste, le modèle contient la mention de cette réserve, qu'il sera toujours bon d'insérer dans tous les cas et à tout événement.

CHAPITRE II.

---

458. Il est des experts, les uns insouciants et irréfléchis, les autres faibles et timides, les autres passionnés ou corrompus, qui ne comprennent pas ou ne veulent pas comprendre toute la gravité de leur mandat : pour les uns, l'expertise n'est qu'une formalité : ils regardent dans la police le chiffre de l'assurance, et, sans se donner la peine de rien examiner, ils *arrangent* leur procès-verbal en conséquence ; les autres cèdent sans résistance aux insinuations, à la menace, à l'intimidation, et quelquefois même à la simple crainte de désobliger ou de déplaire ; les autres, se posant en champions du sinistré, ne voient rien, n'écoutent rien que leurs idées préconçues ; ils luttent opiniâtrement et avec une insigne mauvaise foi contre les raisonnements les mieux fondés, et ruses, violences, tous moyens leur sont bons pour arriver à leurs fins.

459. Des experts qui agissent ainsi se rendent complices d'une injustice, d'une spoliation , et personnellement responsables de toutes ses conséquences. Contre ceux qui usent de violence ou de mauvaise foi, il faut lutter de patience et de fermeté, déjouer leurs manœuvres et mettre à nu leur infamie. Quant aux premiers, il faut les éclairer, les affermir et leur faire bien comprendre l'importance et l'étendue de leurs devoirs.

460. Si la compagnie devait payer le chiffre de la valeur assurée, leur ministère serait inutile ; si donc on les appelle, c'est que l'on a besoin d'eux. Pour l'expert, il s'agit de rechercher la vérité et de la faire apparaître dans toute sa nudité, quelles que puissent être les conséquences. De même que le juré n'a pas à envisager la peine qui sera appliquée à l'accusé déclaré coupable, de même l'expert n'a pas à envisager ce que la compagnie devra payer, ce que le sinistré devra recevoir ; mais il doit seulement apprécier ce que vaut la chose soumise à son appréciation.

461. Le travail des experts les mettant en rapport avec toutes personnes et toutes choses qui se rattachent plus ou moins directement au sinistre, les met en même temps en position de découvrir la cause de l'incendie, quand elle n'est pas connue : si donc ils viennent à la saisir, ils doivent la signaler ; le compromis leur en fait un devoir.

462. Le but de l'expertise est d'amener à connaître le chiffre des pertes ; mais pour qu'une chose ait été détruite, il fallait qu'elle existât (que l'on nous pardonne cette naïveté, elle est

nécessaire pour suivre notre raisonnnement, et pour bien faire saisir le mécanisme de l'expertise) ; et pour apprécier l'étendue de la perte, il faut savoir au préalable ce que la chose détruite valait au moment même qui a précédé sa destruction.

463. La première chose donc que doit constater l'expertise, c'est *l'existence,* au jour du sinistre, de tous les objets assurés.

464. Si, comme nous l'avons vu, cette justification a déjà été faite par le sinistré d'une manière satisfaisante, cette partie de l'expertise sera très-simplifiée ; mais si la justification n'est pas complète, les experts devront la compléter par tous les moyens que nous allons indiquer, en parlant successivement des différentes expertises. Si l'existence préalable n'est pas justifiée, il y a grave présomption de fraude ; et en tout cas, il ne peut y avoir lieu à expertise, au moins pour la chose dont l'existence manque de justification.

465. Au premier abord et aux yeux des personnes inexpérimentées, il semble difficile de justifier l'existence et d'apprécier la valeur de choses détruites ; cependant l'expérience démontre que cela peut se faire avec assez de facilité et d'exactitude : vous allez pouvoir en juger quand nous allons nous occuper particulièrement de l'expertise des bâtiments, des mobiliers et des marchandises : il faut bien qu'en fait il en soit ainsi, puisque, d'un si grand nombre de sinistres réglés, il y en a proportionnellement si peu qui donnent matière à contestation.

466. L'existence une fois bien constatée, les experts ont à constater la valeur de la chose, c'est-à-dire sa valeur au jour de l'incendie, sans se préoccuper de ce qu'elle a pu valoir ou de ce qu'elle a pu être évaluée au jour de la police.

467. A cet effet, mettez sous les yeux des experts la disposition des articles 10 et 12 des conditions générales de la police, et les articles 241 et suiv., 437 et suiv. des présentes instructions, qui n'en sont que le développement ; répétez-leur souvent que le sinistre ne saurait être une occasion de bénéfices, que la compagnie n'est pas une association de *bienfaisance,* mais une association dont l'unique but est d'*indemniser ;* que *payer tout ce qui est dû, ne payer que ce qui est dû,* voilà ce qu'exigent à la fois la justice et la sécurité publique, et que telle est la constante devise de la compagnie.

468. Nous l'avons vu, un incendie ne détruit jamais entièrement la chose assurée ; il en reste toujours quelques débris. Ces débris peuvent se classer en sauvetage intact, qui conserve à la partie sauvée toute la valeur qu'elle avait avant l'incendie ; en sauvetage avec avarie, et enfin en débris informes et de nulle valeur. L'expertise devra constater ces trois différents états des choses assurées, parce que le délaissement n'ayant pas lieu dans les assurances terrestres, la valeur du sauvetage devra être déduite du chiffre des pertes. (Cond. gén., art. 13.)

469. Les experts doivent apporter une attention scrupuleuse dans l'appréciation du sauvetage souvent trop négligée ; on finit toujours par reconnaître qu'il a plus de valeur qu'on n'aurait pu le supposer au premier abord, et il faut considérer aussi que, généralement, il a plus de valeur pour le sinistré qu'il n'en aurait pour des tiers.

470. Les experts se rappelleront que la compagnie ne répond pas des objets perdus ou volés, et que, par conséquent, ils ne doivent pas être compris dans l'expertise. (Cond. gén. de la police, art. 2, 8.ᵉ alinéa.)

471. S'il y a recours à exercer, soit de la part de la compagnie contre des tiers, soit de la part des tiers contre la compagnie, nous verrons plus tard; ce qui doit être fait; mais, dès à présent, nous devons vous dire que ces tiers doivent être invités, et, s'il est nécessaire, sommés d'assister à l'expertise, afin qu'ils n'aient pas à en contester plus tard la régularité.

472. Chaque personne intéressée à l'expertise peut soumettre aux experts ses observations écrites ou verbales et les prier de prendre telles ou telles mesures, telles ou telles informations pour éclairer leurs opérations ; faites en sorte que ces débats se passent avec décence et modération.

473. Chacun des articles d'une même police devant être considéré comme formant une assurance distincte, il devra être fait autant d'estimations qu'il y aura de choses différentes assurées; mais pour le tout, il suffira d'un seul procès-verbal, si ce sont des choses de même nature.

474. S'il y a plusieurs assurés atteints par le même sinistre, il va sans dire qu'il devra être dressé autant de compromis et de procès-verbaux d'expertise qu'il y aura de sinistrés ayant des intérêts distincts.

475. Les experts trouveront à la suite de ces instructions des modèles de procès-verbaux d'expertise. (Modèles N.ᵒˢ 49, 50 et 51.)

476. Ces procès-verbaux seront rédigés sur timbre et en double minute, l'un pour la compagnie, l'autre pour le sinistré.

CHAPITRE III.

EXPERTISE DES BATIMENTS.

---

477. Pour constater l'existence et la valeur des bâtiments au jour du sinistre, les experts doivent se faire représenter les titres d'acquisition, soit par donation, testament, vente, partage ou licitation, les baux à loyer et les quittances des contributions.

478. Par les fondations, qui ne périssent pas, ils auront le périmètre et la disposition des bâtiments : il leur sera facile, en outre, par une enquête dans la famille et dans le voisinage, d'avoir des renseignements sur la nature des constructions et des couvertures, sur la distribution

intérieure, le nombre des étages, le genre des décors, le nombre des portes et des fenêtres, etc. Des experts attentifs peuvent aussi, dans le cubage des cendres et des débris informes, trouver des éléments d'appréciation du métré des charpentes et de la maçonnerie.

479. Par tous ces moyens les experts auront d'une manière exacte la valeur d'origine, de laquelle, déduisant la différence du neuf au vieux, ils arriveront facilement au chiffre de la valeur réelle au jour du sinistre.

480. Il est bien entendu que, pour établir ce chiffre, ils ne devront tenir compte ni de la situation favorable de l'immeuble, ni du prix de convenance ou d'affection, puisque ces circonstances ne sauraient rendre la reconstruction plus coûteuse.

481. Ils apprécieront ensuite si tels pignons, tels murs, telles poutres, sont intacts et peuvent servir à leur premier usage; ils apprécieront quel parti l'on peut tirer de tels débris; ils établiront enfin que tels autres n'ont plus aucune valeur.

482. Après avoir ainsi recueilli et constaté tous les éléments d'appréciation, ils en consigneront le résultat dans un devis estimatif en trois colonnes, conformément au modèle N.º 49.

483. Si l'incendie est partiel, et d'une très-petite importance comparativement à l'ensemble des constructions assurées, on pourra se contenter d'établir le chiffre de la perte, toutefois, en tenant toujours compte de la différence du neuf au vieux.

CHAPITRE IV.

EXPERTISE DES MOBILIERS.

484. De toutes les valeurs assurées, le mobilier personnel est celle dont l'expertise offre le plus d'incertitude et d'embarras; cependant on peut parvenir à vérifier l'existence et la valeur des choses déclarées, d'abord par les débris, ensuite par les livres, mémoires ou factures des marchands qui les ont vendues, par l'importance de la maison qui contenait le mobilier, par la position de fortune du sinistré, l'époque de son établissement, le nombre de ses enfants et de ses domestiques, les renseignements puisés auprès des domestiques, des voisins et des fournisseurs; enfin, par un moyen fort simple et presque toujours infaillible pour déjouer l'exagération, c'est de replacer *fictivement* chaque valeur mobilière à la place qu'elle devait occuper.

485. Ainsi, le sinistré déclare que, dans tel salon, il y avait un piano de telle dimension,

tant de sofas, de chaises et de fauteuils, tant de consoles, de guéridons et de tables à jeu, etc.; demandez où et comment tous ces meubles étaient disposés, et voyez s'il est possible qu'ils pussent tenir dans la pièce indiquée.

486. On déclare tant de pièces de linge : dans quels meubles ce linge était-il renfermé? Pouvaient-ils contenir réellement la quantité déclarée?

487. Ce que nous venons de dire du mobilier personnel peut s'appliquer au mobilier agricole.

488. L'existence et la valeur du mobilier industriel s'établissent plus facilement : d'abord la notoriété publique est plus certaine, ensuite les machines et mécaniques sont rarement la proie des flammes; elles peuvent être brisées, disloquées, mais non pas consumées; il est donc facile d'en reconnaître le nombre et l'espèce, et même le nom des constructeurs, et, par conséquent, d'en savoir au juste la valeur. D'ailleurs les livres et factures doivent constater les prix d'achat.

489. Pour le mobilier, soit personnel, soit agricole, soit industriel, comme pour les bâtiments, c'est la valeur *vénale*, la valeur *réelle* au jour du sinistre qu'il faut rechercher, et, pour l'établir, il faut aussi faire la différence du neuf au vieux. Cette différence peut être considérable pour les machines et mécaniques, si, depuis qu'elles ont été posées, elles ont été dépréciées, quoique neuves encore, comme il arrive souvent par l'invention ou le perfectionnement d'autres machines ou par la stagnation des affaires dans le genre d'industrie auquel elles sont appropriées.

490. Pour l'expertise du mobilier comme pour celle des bâtiments, il sera établi un état constatant la valeur au jour du sinistre, le sauvetage intact et le sauvetage avec avarie. (Modèle N.º 50.)

CHAPITRE V.

EXPERTISE DES MARCHANDISES ET DES RÉCOLTES.

491. L'existence des marchandises se constate par le dernier inventaire et par les livres de l'assuré; leur valeur s'apprécie au cours du jour de l'incendie. On comprend qu'elles ne peuvent être appréciées au prix auquel il les a achetées, puisque ce n'est pas à ce prix qu'il les aurait vendues, et que ce qu'il a réellement perdu, c'est le prix qu'il en aurait retiré s'il les avait vendues le jour même du sinistre.

492. Pour l'appréciation de certaines marchandises, avant de leur appliquer la valeur du

cours du jour, il faut reconnaître de quelle qualité elles devaient être, si elles étaient fraîches ou vieilles, neuves ou passées de mode ; sur certains articles ces circonstances peuvent influer d'une manière considérable.

493. Nous venons de dire que, pour constater les existences, il faut consulter l'inventaire et les livres ; mais il ne faut pas toujours s'en rapporter exclusivement et aveuglément à ces documents, qui peuvent être erronés ou trompeurs. D'abord presque jamais l'inventaire n'a de date certaine, et il peut avoir été fait pour le besoin de la cause ; dans la préméditation du crime d'incendie, l'assuré, comme cela s'est vu plus d'une fois, a pu préparer de longue main ses écritures en conséquence ; et même, sans avoir cette intention, le négociant, mal dans ses affaires, a pu quelquefois, pour se faire un crédit fictif, arranger ses écritures d'une manière qui présente sa position plus favorable qu'elle ne l'est effectivement. — Presque toujours ces écritures fausses peuvent être contrôlées par la correspondance, par les lettres de voiture, les factures, etc.

494. Mais l'homme qui aura eu la ferme et constante intention de relever ses affaires aux dépens des compagnies aura dû prendre toutes les précautions nécessaires pour faire disparaître toutes les preuves du crime ; et l'on peut être certain que, dans ce cas, inventaires, livres, correspondance, lettres de voiture, factures, acquits de douane et tous autres documents, qu'un négociant consciencieux et soigneux conserve, auront disparu et seront devenus la proie des flammes, et il peut arriver aussi que le négociant le plus honnête et le plus soigneux ait perdu toutes ses écritures dans l'incendie.

495. Dans l'un et l'autre cas, il est long, pénible et minutieux d'y suppléer ; mais, ne définitive, il est, plusqu'on ne pense, facile d'arriver à découvrir la vérité.

496. D'abord, sur une place de commerce, la notoriété publique établit assez généralement et d'une manière assez exacte l'importance des affaires d'un négociant ou d'un fabricant ; les commis, les ouvriers, les facteurs, les voisins, et surtout les courtiers, aident à compléter ce premier renseignement ; on peut se procurer, chez les négociants ou marchands en relations avec la maison, les doubles des factures d'achat et des factures de vente, et consulter leurs livres et leur correspondance. Les livres de la douane, de la régie, des contributions indirectes, de l'octroi, peuvent indiquer si telles marchandises déclarées sont entrées en effet dans les magasins de l'assuré : les preuves de *l'entrée* se retrouvent toujours, et le sinistré lui-même aide à les retrouver ; il n'en est pas de même des preuves de la *sortie*, qu'il a intérêt à dissimuler. C'est donc sur ce point que devra porter toute l'attention des experts ; il faudra qu'ils puissent arriver à bien établir le mouvement ordinaire des affaires de l'assuré, et l'on sait bien d'ailleurs que si, dans une année, il entre en moyenne *tant* de marchandises, il devra en moyenne y en avoir *tant* à la sortie, et que par conséquent l'existence ordinaire en magasins sera de *tant*.

497. C'est alors surtout qu'il faut avoir recours à l'appréciation par l'aspect des débris, qu'il faut en quelque sorte peser les cendres ; il est des choses qui se détériorent, mais qui ne brûlent

pas : le riz, le café, etc., par exemple, peuvent se noircir, se crisper ; mais, après les plus violents incendies, on les retrouve presque toujours en même poids et en même volume qu'auparavant. Vainement donc le sinistré aurait déclaré une quantité de ces denrées plus considérable que celle existante, puisque, par les débris, il est facile de retrouver l'existence véritable.

498. Enfin, comme nous l'avons dit pour les mobiliers, il faut rétablir *fictivement* les marchandises à la place où elles devaient être au jour de l'incendie : rarement l'exagération pourra résister à cette épreuve.

499. Pour l'appréciation de l'existence et de la qualité des récoltes, il faut examiner la nature et l'étendue des terres exploitées par le sinistré, les produits de la dernière récolte, eu égard aux accidents de grêle, de gelée, de pluie ou de sécheresse, etc., qui auront plus ou moins altéré les qualités ou diminué les quantités ; l'époque de l'année à laquelle arrive l'incendie et d'après laquelle les approvisionnements doivent être plus ou moins considérables ; le montant des ventes faites depuis la récolte, comme aussi la consommation journalière de la ferme. A cet égard il est difficile d'être trompé, ou tout au moins de l'être pour un chiffre important.

500. La valeur des récoltes, comme celle des marchandises, est, appréciée au cours du jour du sinistre : à cet effet on consulte la dernière mercuriale du marché le plus voisin.

501. Nous ne répéterons pas ce que nous avons dit de la classification en sauvetage intact, sauvetage avec avarie, etc., etc. (Voir modèle N.° 51.)

CHAPITRE VI.

EXPERTISE DES BOIS ET FORÊTS.

502. L'expertise des dommages d'incendie dans les bois et forêts consiste à déterminer :

1.° La valeur des bois assurés, eu égard à l'âge, à l'état d'aménagement, et bien entendu, déduction faite du sol.

2.° La diminution que cette valeur a éprouvée par l'incendie.

3.° La valeur du sauvetage, qui comprend d'abord les bois à abattre, ensuite les souches qui doivent servir au recepage, l'incendie n'étant pas une cause de défrichement. (Voir les observations au modèle N.° 15.)

CHAPITRE VII.

---

503. Nous avons vu, art. 195 et suivants, qu'outre les choses matérielles, les compagnies assurent aussi l'exercice de certains droits incorporels : voyons comment, dans ces circonstances, s'expertise le dommage.

504. 1.° *Créance hypothécaire ou privilégiée.*

Dans ce cas les experts auront à constater :

1.° La valeur vénale de la propriété avant l'incendie, *sol compris;* car l'hypothèque ou le privilége repose sur le sol aussi bien que sur les constructions.

2.° La valeur vénale de la partie sauvée et des débris, aussi ne y comprenant le sol.

505. Vous vous rappellerez que, quel que soit le dommage, nous ne devons d'indemnité qu'autant qu'il y a *droit* à exercer de la part du créancier ; car, s'il n'a pas de *droit*, il n'a pu éprouver de *dommage*. Vous aurez donc à vérifier si le créancier, au jour de l'incendie, n'aurait pas perdu l'effet de son inscription, par le paiement, la péremption, la prescription ou toute autre cause, et si sa créance serait venue en ordre utile, soit en totalité, soit en partie, sur la valeur de l'immeuble avant l'incendie, déduction faite des frais d'expropriation.

506. 2.° Le *nu-propriétaire et l'usufruitier.*

Si vous avez assuré l'un et l'autre, il n'y a pas de difficulté, et l'on procède à l'expertise comme en matière ordinaire, en les faisant intervenir tous les deux dans l'expertise; mais si l'un d'eux seulement est assuré, il faut savoir si l'autre ne l'est pas ; et, s'il l'est par une autre compagnie, vous devez vous entendre avec cette compagnie pour procéder en commun à l'expertise et ne payer qu'une seule indemnité, à laquelle chaque compagnie concourt au prorata du chiffre de son assurance.

507. 3.° *Risque locatif.*

Si vous avez assuré le propriétaire et le locataire, vous faites également intervenir l'un et l'autre dans l'expertise; si vous n'avez assuré que le propriétaire, nous avons vu, art. 203 et suiv., 431 et suiv., qu'il peut y avoir lieu à recourir contre le locataire; mais si, au contraire, c'est le locataire seul que vous avez assuré, il peut y avoir lieu à recours contre nous : dans ce cas il faut attendre la réclamation en recours du propriétaire et vérifier si le locataire se trouve effectivement dans le cas de responsabilité imposé par la loi ; dans ce cas, nous devons nous exécuter amiablement en intervenant dans l'expertise ; dans le cas contraire , il faut laisser le propriétaire actionner judiciairement le locataire, et celui-ci nous appeler en cause pour contester les prétentions mal fondées du propriétaire , en prouvant que l'incendie est dû à une cause étrangère ou à un vice de construction.

508. 4.º *Recours du voisin.*

Si c'est le voisin qui a communiqué le feu à notre assuré , nous avons recours contre ce voisin , et nous le faisons assister à l'expertise ; mais si, au contraire, c'est notre assuré qui a communiqué le feu au voisin ou aux voisins, nous attendons leur réclamation. Si elle est fondée, nous nous exécutons en intervenant dans l'expertise et en payant le dommage , sinon, nous laissons le voisin ou les voisins actionner judiciairement notre assuré, et celui-ci nous appeler en cause pour prouver que ce n'est pas lui qui a communiqué le feu..

509. 5.º *Reprse d'assurance ou co-assurance.*

Si vous avez garanti la précédente assurance d'une autre compagnie , vous la faites intervenir dans l'expertise , nous payons et nous avons recours contre la compagnie garantie ; si , au contraire , il y a simple co-assurance, chaque compagnie intervient à l'expertise et paie le dommage au prorata du chiffre de son assurance.

TITRE III.

Du réglement, de la transaction, du paiement, de la subrogation & de la résiliation.

CHAPITRE I.er

DU RÉGLEMENT.

510. L'expertise (qu'il ne faut pas confondre avec l'arbitrage) n'est qu'un simple avis : si presque toujours elle fait loi pour les parties, cependant, en définitive, elle ne lie ni la compagnie ni le sinistré qui peuvent, l'une refuser en totalité ou en partie le paiement du chiffre de l'indemnité résultant de l'expertise , l'autre réclamer une indemnité plus élevée. Il faut donc régler

définitivement le chiffre de l'indemnité, et le réglement ne peut être fait que par le conseil d'administration, ou tout au moins il faut qu'il ait son approbation.

511. A cet effet, l'expertise terminée, après avoir gardé copie de toutes les pièces, vous les adressez à la direction centrale, et, sur le rapport du directeur, le conseil décide qu'il paiera ou qu'il ne paiera pas, ou qu'il ne paiera que telle somme. La direction avise simultanément, vous et le sinistré, de la décision qui a été prise et vous autorise au paiement; mais quand le sinistre n'est pas d'une très-grande importance, et que l'expertise est dans des conditions normales, la direction autorise de suite le paiement, sans attendre la réunion du conseil, sauf à obtenir plus tard son approbation du réglement.

512. En assurances maritimes et dans des circonstances données, si l'assuré l'exige, l'assureur est obligé de prendre à son compte le sauvetage, et de payer le dommage intégral, nous avons vu que dans l'assurance terrestre il n'en est pas de même, et que le sinistré ne peut faire aucun *délaissement*; il est obligé de garder tout le sauvetage dont la valeur va en déduction du chiffre du dommage à payer par la compagnie; cependant, si la compagnie reconnaît que les experts n'ont pas donné au sauvetage tout le prix que l'on peut en retirer, elle peut le prendre à son compte au prix de l'expertise et le vendre au mieux de ses intérêts. Plusieurs fois nous avons usé de cette sorte de préemption qui nous a donné de très-bons résultats.

513. De même, si la compagnie pense que la reconstruction lui serait moins onéreuse que le paiement du dommage expertisé, ou si, par tout autre motif, elle croit devoir préférer ce mode d'indemnité, elle peut faire reconstruire; elle peut de même remplacer en nature les objets avariés ou détruits; par l'article 13 des conditions générales elle s'est expressément réservé ce droit, qui est une sauvegarde contre la mauvaise foi ou des prétentions exagérées, et qui, bien souvent, peut amener à une transaction raisonnable le sinistré, qui, s'il n'a pas brûlé volontairement, avait au moins intérêt à voir brûler sa chose et à la remplacer par de l'argent.

CHAPITRE II.

DE LA TRANSACTION ET DU RÉGLEMENT AMIABLE.

514. Quelquefois l'expertise ne satisfait ni la compagnie, ni le sinistré. Dans ce cas, si le sinistré est de bonne foi et d'un caractère accommodant, il y a lieu à transaction. Nous ne saurions à cet égard vous tracer de règles générales; si la transaction n'émane pas de la direction

centrale même, il vous sera donné des instructions particulières et appropriées à la circonstance.

51 5. Quelquefois même, dans les sinistres de peu d'importance et avec des personnes d'une loyauté bien connue, vous pouvez ne pas recourir à l'expertise et régler amiablement avec le sinistré; mais dans ce cas encore, il ne faut pas faire un réglement *d'à-peu-près*, et l'agent et le sinistré doivent se poser en véritables experts, et procéder comme des experts consciencieux auraient dû procéder eux-mêmes, afin d'approcher le plus possible de la vérité. Si l'on prend la voie du réglement amiable, ce n'est pas pour favoriser le sinistré et lui donner plus, ce n'est pas pour le frustrer et lui donner moins; c'est seulement pour économiser les frais, et pour abréger les formes et les lenteurs de l'expertise ordinaire.

CHAPITRE III.

DU PAIEMENT ET DE LA SUBROGATION.

51 6. Dès que l'on est d'accord avec le sinistré sur le chiffre de l'indemnité qui lui est due, et qu'il ne se trouve dans aucun cas de déchéance ou de prescription, le paiement s'effectue au comptant, intégralement et sans aucune retenue, à quelque titre que ce puisse être, à l'exception de la moitié des frais d'arbitrage ou d'expertise s'ils ont été avancés par la compagnie.

51 7. Ordinairement le sinistré paie ses experts et la compagnie les siens.

51 8. Pour les frais de sauvetage, ils sont à la charge de la compagnie.

51 9. Il en est de même des récompenses ou dédommagements alloués à titre de munificence aux pompiers ou autres, pour dévouement, blessures, etc.

520. De même que l'expertise a lieu *sous toute réserve,* de même le paiement ne doit être fait qu'avec *subrogation* de la compagnie dans tous les droits du sinistré contre les tiers.

521. La quittance peut être sous signature privée, pourvu qu'elle soit sur timbre, et qu'elle contienne promesse de la réitérer par acte authentique, à première réquisition de la compagnie. Autant que possible vous ferez légaliser la signature du sinistré par le maire ou l'adjoint de la commune, surtout quand cette signature n'aura pas cours dans le monde administratif ou commercial, et qu'elle ne sera pas connue.

522. Si l'assuré ne sait pas écrire, vous lui ferez apposer sa croix ou marque, en présence

de deux témoins notables, qui signeront pour lui, et dont vous ferez légaliser la signature par le maire ou l'adjoint. (Voir modèle N.° 52.)

523. Il est un cas où vous devez exiger une quittance notariée ; c'est celui de l'indemnité payée au créancier hypothécaire ou privilégié.

CHAPITRE IV.

DE LA RÉSILIATION.

524. Le paiement effectué, vous aurez à examiner s'il y a lieu à résilier la police : si le sinistre a été déterminé par une cause étrangère, par un événement purement fortuit, il n'y a pas de motif pour ne pas continuer l'assurance : nous dirons même qu'il y a moins de chances d'incendie qu'auparavant ; mais si les constructions étaient dans de mauvaises conditions, si les moindres soupçons s'élèvent sur la moralité du sinistré ; si le sinistre a eu pour cause la négligence habituelle des personnes de la maison, ou la malveillance domestique ou étrangère, ou si le voisinage est dangereux, vous devez résilier.

525. La résiliation s'effectuera, soit par la remise que l'assuré vous fera du double de son titre, soit par un avenant, soit par une notification d'huissier. (Modèle N.° 53.)

TITRE IV.

De l'arbitrage & de l'instance judiciaire.

526. Si l'on n'a pu régler à l'amiable, ou si, après l'expertise, il n'est pas possible de tomber d'accord, par voie de transaction ou autrement, il faut bien alors avoir recours à l'arbitrage. L'art. 16 des conditions générales de la police dispose que toute contestation entre la compagnie

et le sinistré sur les dommages d'incendie, sur les opérations et évaluations des experts, et sur l'exécution des conditions de l'assurance, est soumise à trois arbitres jugeant conjointement, et choisis, l'un par la compagnie, l'autre par le sinistré, et le troisième par les deux arbitres réunis.

527. Ces dispositions sont claires, précises, et ne présentent pas de difficultés dans l'application ; mais dans ces derniers temps, la jurisprudence a établi que, nonobstant, on est libre de s'adresser directement aux tribunaux : si cette doctrine doit prévaloir et se maintenir, il pourra y avoir lieu quelquefois à instance judiciaire, soit devant la justice de paix, soit devant le tribunal civil, soit devant le tribunal de commerce, selon l'importance et la nature du litige et la qualité du sinistré ; mais ces cas seront, nous l'espérons, si rares, que, pour l'arbitrage comme pour l'instance judiciaire, il nous paraît inutile de tracer à l'avance des règles qui ne trouveront peut-être pas leur application ; et, le cas échéant, nous nous réservons de vous donner des instructions particulières.

528. Nous avons terminé, Messieurs ; nous n'avons plus qu'à vous rappeler que, pour tous vos actes, votre ligne de conduite est tracée :

1.° Par les statuts ;

2.° Par les conditions générales de la police ;

3.° Par le tarif ;

4.° Par votre traité avec la compagnie ;

5.° Enfin, par les présentes instructions qui ne sont que le développement de l'ensemble de ces documents.

529. Il ne vous aura pas suffi de lire le tout une fois ; il faudra le lire une seconde fois , afin de mieux en embrasser l'ensemble et la concordance. Vous devez en outre consulter chacun de ces documents, chaque fois que vous aurez à faire un acte de votre agence ; et vous voudrez bien vous rappeler que, sous aucun prétexte, vous ne devez déroger aux prescriptions qu'ils renferment, et qui sont votre code en matière d'assurances. (Art. 256.)

530. Une table par ordre des matières, une table alphabétique et une table des modèles à la fin des instructions, vous faciliteront les recherches.

TABLE PAR ORDRE DES MATIÈRES.

Le chiffre indique l'article.

INTRODUCTION.

PREMIÈRE PARTIE.

DEUXIÈME PARTIE.

TROISIÈME PARTIE.

QUATRIÈME PARTIE.

CINQUIÈME PARTIE.

TABLE PAR ORDRE ALPHABÉTIQUE.

Le chiffre indique l'article.

A

B

C

D

E

F

G

H

I

J

L

M

N

O

P

Q

R

S

MODÈLES.

<table>
<tr><td>M.</td><td rowspan="5">LE NORD,</td></tr>
</table>

M.

d

Canton d

Arrond.ᵗ d

Départ.ᵗ d

LE NORD,

Compagnie d'Assurances contre l'Incendie.

DIRECTION CENTRALE

RUE SAINT-PIERRE, N.° 29, LILLE.

COMMISSION { précomptée, F.
{ annuelle. F.

D.° de recette, F.

D.° sur police, F.

D.° sur plaque, F.

TRAITÉ.

L'an mil huit cent quarante-huit, le vingt-six novembre, entre M. Firmin JOYAU, Directeur général de la Compagnie d'assurances contre l'incendie *Le Nord*, agissant pour et au nom de ladite Compagnie, d'une part; et d'autre part, M. A.... (Amédée-Victor), négociant, demeurant à..... rue ....., N.°... département d..... arrondissement d..... canton d......, a été convenu ce qui suit :

Art. 1.ᵉʳ M. A..... se charge de l'agence de la Compagnie d'assurances contre l'incendie LE NORD, pour (1)

Art. 2. Il organisera, dans les limites de cette circonscription et sous sa responsabilité personnelle, des sous-agences, partout où il jugera convenable d'en établir.

Art. 3. Il rédigera et signera lui-même les polices d'assurances et les avenants.

Art. 4. Dans les cinq premiers jours de chaque mois, il adressera à la Direction centrale les polices d'assurances qu'il aura recueillies dans le courant du mois précédent, avec un bordereau relatant; 1.° le numéro d'ordre de son agence; 2.° les noms des assurés; 3.° la valeur assurée; 4.° le montant de la prime; 5.° le prix de la police ou de l'avenant; 6.° le prix de la plaque, et 7.° le total de la première année; lorsque l'assurance excédera trente mille francs sur un même risque, la police devra être envoyée à la Direction centrale, dans les vingt-quatre heures de sa réalisation, et elle figurera comme les autres sur le bordereau mensuel à la fin du mois.

Art. 5. Il percevra les primes de première année et en délivrera quittances signées de lui : il percevra aussi les primes des années suivantes, mais sur quittances qui lui seront envoyées par la Direction centrale, signées du Directeur général.

Art. 6. A la fin de chaque mois, la Direction centrale adressera à M. A..... les quittances des primes à échoir dans le courant du mois suivant, avec un bordereau relatant : 1.° le numéro de la quittance; 2.° le nom du débiteur; 3.° la date de l'exigibilité, et 4.° les valeurs à encaisser.

_____

(1) L'arrondissement ou les arrondissements d......... Le département ou les départements d.........

Art. 7. Dans le mois , à partir de la date de l'exigibilité de chaque quittance , M. A . . . . . la renverra à la Direction centrale ; si elle n'a pu être encaissée, ou fera connaître la cause du retard de paiement.

Art. 8. Dans les quinze premiers jours des mois de janvier, avril, juillet et octobre de chaque année , la Direction centrale adressera à M. A . . . . . le compte de ses opérations , recettes et commissions pendant le dernier trimestre, et, s'il n'a pas remis son encaisse , conformément à l'article 366 des Instructions générales, la Direction disposera sur lui pour le solde, en un mandat à quinze jours , sauf réglement pour erreur ou omission.

Art. 9. Dans la huitaine de la réception de ce compte, M. A . . . . . fera parvenir à la Direction centrale son approbation ou ses observations pour redressement, s'il y a lieu.

Art. 10. Les honoraires de M. A . . . . . sont fixés ainsi qu'il suit :

1.° Dix pour cent sur la prime annuelle de chaque assurance :

2.° Cinq pour cent sur la recette ;

3.° Cinquante centimes sur le prix de la police ;

4.° Cinquante centimes sur le prix de la plaque (1).

Art. 11. Tous les frais de port et d'affranchissement de lettres et paquets échangés entre la Direction centrale et M. A . . . . seront à la charge de la Compagnie.

Art. 12. Seront également à la charge de la Compagnie, tous frais de déplacement de M. A . . . . en cas d'incendie, ou lorsqu'il aura été requis par la Direction centrale ou par l'Inspection.

Art. 13. Dans tous les actes de son agence, M. A . . . . . . se conformera en tous points aux instructions , soit imprimées, soit manuscrites qui lui seront adressées par la Direction centrale.

Art. 14. Le présent traité pourra être réciproquement résilié, moyennant avertissement trois mois à l'avance.

Fait double à Lille , les mêmes jour, mois et an que dessus.

L'AGENT PRINCIPAL ,   LE DIRECTEUR ,

(1) Si la commission est précomptée, l'article 10 sera ainsi formulé : Les honoraires , etc.

1.° Soixante-quinze pour cent sur la prime de première année de toute assurance d'une durée de dix ans : lorsque l'assurance sera d'une durée moindre de 10 ans , la commission sera proportionnellement moindre , conformément au tableau ci-dessous.

Il demeure bien entendu que la diminution de prime ou la résiliation pendant le cours de l'assurance, donne lieu à ristourne proportionnelle de la commission.

2.° Cinq pour cent de recette sur la prime des années autres que la première année.

3.° Cinquante centimes sur le prix de la police.

4.° Cinquante centimes sur le prix de la plaque.

10	ans	75	%	5	ans	45	%
9	»	69	»	4	»	39	»
8	»	63	»	3	»	30	»
7	»	57	»	2	»	25	» } Commission de recette
6	»	51	»	1	»	20	» } comprise.

Modèle N.° 2.

LE NORD,

Compagnie d'Assurances contre l'Incendie.

DIRECTION CENTRALE

RUE SAINT-PIERRE, N.° 29,

LILLE.

COMMISSION D'AGENT PRINCIPAL.

Le Conseil d'Administration de la Compagnie d'Assurances contre l'Incendie LE NORD,

Dans sa séance du. . . . . . .

Sur le rapport et la proposition du Directeur général, a nommé M. A. . . . (Amédée-Victor), négocian

son agent principal, pour la représenter dans l . . . . aux conditions arrêtées par l'acte sou

signatures privées du 26 novembre 1848.

Délivré à Lille sous le sceau de la Compagnie, le. . . . . . .

POUR LA COMPAGNIE :

L'Administrateur de service,   Le Directeur,
TILLOY-CASTELEYN.   Firmin JOYAU.

Vu :

Le Président,

Ch. VERLEY.

14

Modèle N.º 5.

M.

d

Canton d

Arr.ᵗ d

Départ.ᵗ d

LE NORD,

Compagnie d'Assurances contre l'Incendie.

DIRECTION CENTRALE

RUE SAINT-PIERRE, N.º 29, LILLE.

COMMISSION { précomptée, F.
{ annuelle, F.

D.º de recette, F.

D.º sur police, F.

D.º sur plaque, F.

AGENCE PRINCIPALE D. . . . .

TRAITÉ.

L'an mil huit cent. . . . .

Entre M. A. . . . . Agent principal de la Compagnie d'assurances contre l'incendie LE NORD, agissant pour et au nom de ladite Compagnie, d'une part ;

Et d'autre part,

M. B. . . . . . (Lucien-Joseph), greffier du juge de paix, demeurant à . . . . . rue. . . . . N.º. . . . département d. . . . . arrondissement d. . . . . . canton d. . . . . . . a été convenu ce qui suit :

ART. 1.ᵉʳ M. B. . . . . . . se charge de la sous-agence de la Compagnie d'assurances contre l'incendie LE NORD pour l' (1). . . . .

ART. 2. M. B. . . . . . provoquera et recueillera, pour la Compagnie, dans les limites de cette circonscription, des propositions d'assurances mobilières et immobilières, qu'il transmettra à l'Agent principal, avec tous les renseignements spéciaux et confidentiels qui lui seront demandés.

ART. 3. Il recevra de l'Agent principal chaque police rédigée et signée en double minute par ce dernier ; il la fera signer par l'assuré, lui laissera un des doubles et renverra l'autre à l'Agent principal, sans jamais la modifier ni prendre aucun engagement envers l'assuré avant d'y avoir été autorisé.

ART. 4. Il encaissera les quittances signées par le Directeur général ou l'Agent principal pour primes, polices et plaques ; à cet effet, à la fin de chaque mois, l'Agent principal adressera à M. B. . . . . les quittances de primes à échoir dans son agence dans le courant du mois suivant.

ART. 5. Dans le mois, à partir de la date de l'exigibilité de chaque quittance, M. B. . . . . . . la renverra à l'Agent principal ; si elle n'a pu être encaissée, on fera connaître la cause du retard de paiement.

ART. 6. Dans tous les actes de son agence, M. B. . . . . . . se conformera en tous points aux instructions, soit imprimées, soit manuscrites, qui lui seront adressées par l'Agent principal.

ART. 7. Les honoraires de M. B. . . . . . . sont et demeurent fixés ainsi qu'il suit.

---

(1) L'arrondissement ou les arrondissements d. . . . . . le canton ou les cantons d. . . . . la commune ou les communes d. . . . . . .

Modèle N.° 4.

LE NORD,

Compagnie d'Assurances contre l'Incendie.

AGENCE PRINCIPALE

DE

. . . .

COMMISSION DE SOUS-AGENT.

M. A. . . . . . , Agent principal de la Compagnie d'assurances contre l'incendie LE NORD,
à. . . . . . .

Nomme M. B. . . . . . . (Lucien-Joseph), Greffier du Juge-de-Paix , son sous-agent pour la représenter dans l (1). . . . . aux conditions arrêtées par l'acte sous signatures privées du. . . . . .

Délivré à. . . . . le . . . .

L'Agent principal ,

---

(1) L'arrondissement d. . . . . ou le canton d. . . . . ou la commune d. . . . .

Modèle N.º 5.

ASSURANCES CONTRE L'INCENDIE.

TARIF DES PRIMES.

N.º 1.

1849.

NATURE DES OBJETS A ASSURER.	PRIME ANNUELLE POUR 1000 FRANCS.					
	1.re CLASSE.			2.e CLASSE.		
	1er risque	2e risque	3e risque	1er risque	2e risque	3e risque
	F. C.	F. C.	F. C.	F. C.	F. C.	F. C.
MAISONS D'HABITATION { dans les chefs-lieux de département, d'arrondissement ou de canton.	» 50	» 40	» 60	1 »	3 »	4 » 5 »
{ dans les autres localités.	» 40	» 50	» 75	1 50	5 »	4 » 5 »
MOBILIERS ET MARCHANDISES ordinaires. . . { dans lesdits chefs-lieux.	» 75	1 »	1 25	2 »	5 »	4 » 5 »
{ dans les autres localités.	» 80	1 »	1 25	2 »	5 »	4 » 5 »
MAISONS de Vignerons.	» 60	» 75	1 »	1 50	5 »	4 » 5 »
Id. de petits Cultivateurs. (Voir la 4.e page.)	» 60	» 75	1 »	1 50	5 »	4 » 5 »
MOBILIERS ET USTENSILES desdites maisons.	1 »	1 25	1 50	2 »	5 »	4 » 5 »
BATIMENTS DE FERMES et d'exploitation rurale, MOBILIERS et BESTIAUX.	1 »	1 50	2 »	2 50	4 »	5 » 6 »
RÉCOLTES en granges et greniers.	1 »	2 »	2 50	4 »	5 »	6 » 7 »
RÉCOLTES en meules, pour 6 mois, 4 fr.; pour l'année.	6 »	» »	» »	» »	» »	» »
(L'assurance suivra, jusqu'à son terme, ces récoltes dans des bâtiments de 1.re classe.)						
BATIMENTS destinés spécialement aux vers à soie.	1 25	1 50	2 »	2 50	4 »	5 » 6 »
VERS A soie en travail.	5 »	3 50	4 »	5 »	6 »	7 » 8 »
DISTILLERIE à l'usage des propriétaires de vignobles { Eaux-de-vie.	1 25	1 50	2 »	2 50	4 »	5 » 6 »
{ Esprits.	2 »	2 50	5 »	5 50	4 »	5 » 6 »

PROFESSIONS AUGMENTANT LES RISQUES.

BAINS PUBLICS. — BOISSELIERS. — CHARPENTIERS, CHARRONS. — CORROYEURS. — DÉCORATEURS SUR PORCE-LAINE. — DOREURS SUR MÉTAUX. — ÉPICIERS. — FONDEURS de cuivre, d'étain et de caractères. — LAMPISTES-FERBLANTIERS. — LITHOGRAPHES. — LOGEURS EN GARNI. — PASSEMENTIERS.
PATISSIERS. — PHARMACIENS. — PLOMBIERS. — PLUMASSIERS ET APPRÊTEURS de plumes. — RELIEURS. — SELLIERS-CARROSSIERS. — TEINTURIERS-DÉGRAISSEURS. — TISSERANDS ayant au plus 5 métiers. — TONNELIERS. — TOURNEURS. — TRAITEURS. — VANNIERS.

BATIMENTS dans toutes localités.	» 40	» 50	» 75	1 50	3 »	4 » 5 »
MOBILIERS ET MARCHANDISES.	1 »	1 25	1 50	2 50	3 »	4 » 5 »

AUBERGISTES. — BOULANGERS. — BROCHEURS-ASSEMBLEURS. — CHEVAUX (marchands de). — COMMISSIONNAIRES DE ROU-LAGE. — CONFISEURS distillant. — CORDIERS. — COULEURS (marchands de). — ÉBÉNISTES. — ENTREPRENEURS DE VOI-TURES PUBLIQUES.
GRAINETIERS-HERBORISTES. — IMPRIMEURS en caractères. — LAYETIERS-EMBALLEURS. — LOGEURS DE VOITURES. — MANÈGES. — MENUISIERS. — NOURRISSEURS. — PEINTRES EN BATIMENTS ET EN VOITURES. — POSTES AUX CHEVAUX. — TANNERIES sans moulin, de 15,000 fr. et au-dessous.

BATIMENTS dans toutes localités.	» 50	» 60	1 »	2 »	4 »	5 » 6 »
MOBILIERS ET MARCHANDISES.	1 25	1 50	2 »	2 50	4 »	5 » 6 »

MARCHANDISES FACILES A ENDOMMAGER.
(Prime applicable à ces marchandises seulement.)

ALBATRES. — BRODERIES. — BIJOUTERIE. — CONSERVES alimentaires. — CRISTAUX. — DROGUERIE. — ESTAMPES. — FAÏENCES. — FLEURS ARTIFICIELLES. — GAZES. — GLACES. — HORLOGERIE. — Instruments de musique. — LIBRAIRIE. — MODES. — MUSIQUE. — PARFU-MERIE. — PLUMES. — PORCELAINES. — TABLEAUX. — TULLES ET DENTELLES. — VERRERIES.

	1 »	1 25	1 50	2 50	5 »	4 » 5 »

MARCHANDISES HASARDEUSES.

BRAI. — CHANVRE. — FOIN ET PAILLE. — EAU-DE-VIE jusqu'à 24 degrés. — GOUDRON. — HUILES. — LIN. — LIQUEURS. — RÉSINES. — SOUFRE.

Bâtiments.	» 75	1 »	1 50	2 50	4 »	5 » 6 »
Marchandises.	1 25	1 50	2 »	2 50	4 »	5 » 6 »

MARCHANDISES DOUBLEMENT HASARDEUSES.

ESPRITS et EAUX-DE-VIE au-dessus de 24 degrés. — ESSENCES. — TÉRÉBENTHINE. — VERNIS.

Bâtiments.	1 50	2 »	2 50	5 »	5 »	6 » 7 »
Marchandises.	2 50	5 »	3 50	4 »	5 »	6 » 7 »

EXPLICATION DES CLASSES:

1.re CLASSE. { 1.er RISQUE : Bâtiments construits en pierres, briques et moellons. . . . . } Couverts en tuiles, ardoises ou métaux.
{ 2.e RISQUE : Bâtiments de construction mixte où la pierre domine, bâtiments en pisai.
{ 3.e RISQUE : Bâtiments de construction mixte où le bois domine, et bâtiments en pans de bois et plâtre.
{ 4.e RISQUE : Bâtiments tout en bois, torchis ou paillotis. . . . .

2.e CLASSE. { 1.er RISQUE : Bâtiments en pierres, briques ou moellons. . . . . } Couverts en bois ou chaume.
{ 2.e RISQUE : Bâtiments en pans de bois ou pisai recrépis en plâtre ou mortier à chaux.
{ 3.e RISQUE : Bâtiments tout en bois ou torchis. . . . .

NATURE DES OBJETS A ASSURER.	PRIME ANNUELLE POUR 1000 FRANCS.						
	1.re CLASSE.				2.e CLASSE.		
	1er risque	2e risque	3e risque	4e risque	1er risque	2e risque	3e risque
	F. C.	F. C.	F. C.	F. C.	F. C.	F. C.	F. C.

FABRIQUES ET USINES (1.re CATÉGORIE).

Acier, Affineries, Armes — Épingles ou Aiguilles — Foulons — Plaqué, Plomb laminé — Salpêtreries — Savon — Soude et Potasse — Tabac

Bâtiments : » 75 | 1 » | 1 50 | 2 50 | 4 » | 5 » | 6 »
Mobiliers, Marchandises : 1 25 | 1 50 | 2 » | 2 50 | 4 » | 5 » | 6 »

Bonneteries ayant plus de 5 métiers — Bougies — Cartons et Cartes à jouer — Chandelles sans fonte de suif — Chicorée — Dévideries de coton — Raffineries de Sel — Raffineries de Soufre — Retordage de fil ou coton — Soieries, Rubans et Lacets — Tapis, Tissage de laine — Tréfileries, Clouteries — Tulles et Dentelles

Bâtiments : » 90 | 1 25 | 1 75 | 2 50 | 4 » | 5 » | 6 »
Mobiliers, Marchandises : 1 50 | 2 » | 2 50 | 3 » | 4 » | 5 » | 6 »

Chandelles avec fonte de suif — Chapeaux de feutre, de paille ou de soie — Confiseurs sans raffinerie — Couvertures de laine sans filature — Facteurs de pianos — Flambage et grillage d'étoffes — Impressions sur étoffes de laine et soie — Liquoristes — Parfumeurs — Voitures

Bâtiments : 1 25 | 1 50 | 2 » | 2 50 | 4 50 | 6 » | 7 »
Mobiliers, Marchandises : 2 » | 2 50 | 3 » | 4 » | 4 50 | 6 » | 7 »

Fabriques et Usines de la 1.re catégorie en non activité :
Bâtiments : » 60 | » 90 | 1 25 | 1 50 | 3 » | 4 » | 5 »
Mobiliers, Marchandises : 1 » | 1 25 | 1 50 | 2 50 | 3 » | 4 » | 5 »

FABRIQUES ET USINES (2.e CATÉGORIE).
La même prime est applicable à l'immeuble et au mobilier.

	1	2	3	4	5	6	7
Acide sulfurique	2 »	2 50	3 »	4 »	» »	» »	» »
Amidonneries à la vapeur	5 »	6 »	7 »	8 »	» »	» »	» »
Id. avec poêles ou calorifères	8 »	10 »	11 »	12 »	» »	» »	» »
Apprêts de Tissus — de coton	2 50	3 »	3 50	4 50	» »	» »	» »
Id. de fil ou de laine	1 50	2 »	2 50	3 »	» »	» »	» »
Blanchisseries avec séchoirs à froid ou à la vapeur	1 25	1 50	2 »	2 50	» »	» »	» »
id. à chaud, séparés par une distance d'au moins 10 mètres	2 50	3 »	3 50	4 50	» »	» »	» »
id. id. contigus ou rapprochés	5 »	6 »	7 »	8 »	» »	» »	» »
Brasseries — séchoirs à chaud séparés	1 50	2 »	2 50	3 »	» »	» »	» »
Céruse avec étagères en fer	2 »	2 50	3 »	4 »	» »	» »	» »
id. en bois	5 »	5 50	6 »	7 »	» »	» »	» »
Cire à cacheter	3 »	3 50	4 »	5 »	» »	» »	» »
Colle-forte	10 »	12 »	13 »	14 »	» »	» »	» »
Couleurs	2 50	3 »	3 50	4 50	» »	» »	» »
Couvertures de coton sans filature	2 50	3 »	3 50	4 50	» »	» »	» »
Corderies avec goudronnage	10 »	12 »	13 »	14 »	» »	» »	» »
sans goudronnage	3 »	3 50	4 »	5 »	» »	» »	» »
Cuirs vernis (conventions spéciales)	» »	» »	» »	» »	» »	» »	» »
Distilleries d'eaux-de-vie — autres que celles des propriétaires de vignobles	2 »	2 50	3 »	4 »	» »	» »	» »
d'esprits à la vapeur id.	5 »	5 50	6 »	7 »	» »	» »	» »
id. procédés ordinaires id.	4 »	5 »	6 »	7 »	» »	» »	» »
Draps sans filature	1 50	2 »	2 50	3 »	» »	» »	» »
Fécules	8 »	10 »	11 »	12 »	» »	» »	» »
Filatures de coton — Chauffage à la vapeur, Éclairage au gaz	7 »	8 »	9 »	10 »	» »	» »	» »
id. aux quinquets	7 50	8 50	9 50	10 50	» »	» »	» »
Poêles ou calorifères au gaz	9 »	10 »	11 »	12 »	» »	» »	» »
id. aux quinquets	10 »	12 »	13 »	14 »	» »	» »	» »
Quand le batteur forme un risque séparé, la prime est réduite de 50 c. pour 1,000. Le batteur séparé doit payer au moins F. 11 id.							
sans aucune des préparations qui précèdent le filage	4 »	5 »	6 »	7 »	» »	» »	» »
Filatures de laine — peignée ou sèche, chauffage à la vapeur	3 »	3 50	4 »	5 »	» »	» »	» »
id. ordinaire	4 »	5 »	6 »	7 »	» »	» »	» »
grasse ou cardée, id. à la vapeur	4 »	5 »	6 »	7 »	» »	» »	» »
id. ordinaire	5 »	6 »	7 »	8 »	» »	» »	» »
sans battage, peignage ni cardage	2 »	2 50	3 »	4 »	» »	» »	» »
Filature de lin (voir la 4.e page)							
Filature de bourre de soie ou de laine et soie	2 50	3 »	3 50	4 50	» »	» »	» »
Filatures de soie	1 50	2 »	2 50	3 »	» »	» »	» »
Filteries de chanvre et de lin	1 50	2 »	2 50	3 »	» »	» »	» »
Forges, Fonderies, Martinets	1 50	2 »	2 50	3 »	» »	» »	» »
Fours à chaux et plâtre (conventions spéciales)	» »	» »	» »	» »	5 »	6 »	7 »
Garance id.	» »	» »	» »	» »	» »	» »	» »
Gaz de houille	2 »	2 50	3 »	4 »	» »	» »	» »
Gaz de résine (conventions spéciales)							
Glaces et Verreries fours	3 »	3 50	4 »	5 »	» »	» »	» »
id. chauffés au charbon de terre	2 »	2 50	3 »	4 »	» »	» »	» »
ateliers séparés	1 25	1 50	2 »	2 50	» »	» »	» »
Halles à charbon de terre à l'usage des forges	2 »	2 50	3 »	4 »	» »	» »	» »
de charbon de bois id.	4 »	5 »	6 »	7 »	» »	» »	» »
charbons de bois dans les halles, pour 3 mois, 2 fr.; pour 6 mois, 3 fr.; pour l'année	4 »	5 »	6 »	7 »	» »	» »	» »
Huiles épurations	» »	» »	» »	» »	» »	» »	» »
fabrique sans moulins	1 50	2 »	2 50	3 »	» »	» »	» »
Machines à vapeur fonctionnant	1 50	2 »	2 50	3 »	» »	» »	» »
Machines et Mécaniques	1 50	2 »	2 50	3 »	» »	» »	» »
Métaux vernis	2 »	2 50	3 »	4 »	» »	» »	» »
Minium	2 »	2 50	3 »	4 »	» »	» »	» »
Minoteries sans moulins avec étuves	2 50	3 »	3 50	4 50	» »	» »	» »
Id. id. sans étuves	1 50	2 »	2 50	3 50	» »	» »	» »
Moulinage de soie	2 »	2 50	3 »	» »	» »	» »	» »

NATURE DES OBJETS A ASSURER.	PRIME ANNUELLE POUR 1000 FRANCS.						
	1.re CLASSE.				2.e CLASSE.		
	1er risque	2e risque	3e risque	4e risque	1er risque	2e risque	3e risque
	F. C.	F. C.	F. C.	F. C.	F. C.	F. C.	F. C.

Suite des Fabriques et Usines (2.e CATÉGORIE).

	1er r.	2e r.	3e r.	4e r.	1er r.	2e r.	3e r.
MOULINS à tan ou pour bois — mus par l'eau ou la vapeur	5 »	6 »	7 »	8 »	» »	» »	» »
de teinture — » par le vent (quelle que soit la classe)	» »	» »	» »	» »	7 »	8 »	9 »
» par un manége	3 »	3 50	4 »	5 »	» »	» »	» »
MOULINS à huile de graine — mus par l'eau ou la vapeur	2 »	2 50	3 »	4 »	» »	» »	» »
» par le vent (quelle que soit la classe)	» »	» »	» »	» »	5 »	6 »	7 »
» par un manége	1 50	2 »	2 50	3 »	» »	» »	» »
MOULINS à l'huile d'olive — mus par l'eau	1 50	2 »	2 50	3 »	» »	» »	» »
» par un manége	1 »	1 50	2 »	2 50	» »	» »	» »
» par le vent (quelle que soit la classe)	» »	» »	» »	» »	5 »	6 »	7 »
MOULINS à blé — avec 1 ou 2 paires de meules	1 50	2 »	2 50	3 »	» »	» »	» »
» 3 ou 4 paires de meules	2 »	2 50	3 »	4 »	» »	» »	» »
» 5 ou 6 paires de meules	2 50	3 »	3 50	4 50	» »	» »	» »
Pour chaque paire de meules en sus l'augmentation est de 50 c. jusqu'à	10 »	» »	» »	» »	» »	» »	» »
NOIR — animal	4 »	5 »	6 »	7 »	» »	» »	» »
de fumée (conventions spéciales)	» »	» »	» »	» »	» »	» »	» »
OUATES avec carderie	10 »	12 »	13 »	14 »	» »	» »	» »
Id. sans carderie	4 »	5 »	6 »	7 »	» »	» »	» »
PAPETERIES — à la mécanique, sans étendoirs ni magasins ou triage de chiffons	4 »	5 »	6 »	7 »	» »	» »	» »
Id. avec magasin et triage de chiffons	5 »	6 »	7 »	8 »	» »	» »	» »
avec étendoirs / anciens procédés	6 »	7 »	8 »	9 »	» »	» »	» »
magasins de chiffons séparés	5 »	6 »	7 »	8 »	» »	» »	» »
PAPIERS PEINTS	2 »	2 50	3 »	4 »	» »	» »	» »
PEIGNAGE DE LAINES	3 »	3 50	4 »	5 »	» »	» »	» »
Id. à la vapeur	1 50	2 »	2 50	3 »	» »	» »	» »
PEIGNAGE DE CHANVRE ET DE LIN à la main chez les ouvriers	2 50	3 »	3 50	4 50	» »	» »	» »
PORCELAINES, FAÏENCE, POTERIE, PIPES — fours	3 »	3 50	4 »	5 »	» »	» »	» »
id. chauffés au charbon de terre	2 »	2 50	3 »	4 »	» »	» »	» »
ateliers séparés	1 50	2 »	2 50	3 »	» »	» »	» »
PRODUITS CHIMIQUES — inflammables	5 »	6 »	7 »	8 »	» »	» »	» »
non inflammables	2 »	2 50	3 »	4 »	» »	» »	» »
RAFFINERIE DE SUCRE — anciens procédés	9 »	10 »	11 »	12 »	» »	» »	» »
cuite à la vapeur et chauffage ordinaire	7 »	8 »	9 »	10 »	» »	» »	» »
cuite à la vapeur et étuves voûtées	6 »	7 »	8 »	9 »	» »	» »	» »
cuite et chauffage à la vapeur	5 »	6 »	7 »	8 »	» »	» »	» »
SCIERIES de bois mues — par l'eau ou la vapeur	5 »	6 »	7 »	8 »	» »	» »	» »
par un manége	3 »	3 50	4 »	5 »	» »	» »	» »
SCIERIES pour bois de placage (conventions spéciales)	» »	» »	» »	» »	» »	» »	» »
SCIERIES de marbre	1 25	1 50	2 »	2 50	» »	» »	» »
SOUDE (fabriques de) avec chambres de plomb	2 »	2 50	3 »	4 »	» »	» »	» »
SUCRE DE BETTERAVES sans raffinerie — chauffage et cuite à la vapeur	4 »	5 »	6 »	7 »	» »	» »	» »
avec calorifères	5 »	6 »	7 »	8 »	» »	» »	» »
Id. avec raffinerie (voir les RAFFINERIES).							
TANNERIES sans moulin au-dessus de 13,000 francs	2 50	3 »	3 50	4 50	» »	» »	» »
TEINTURERIES — avec séchoirs à froid ou à la vapeur	1 50	2 »	2 50	3 »	» »	» »	» »
id. à chaud séparés par une distance d'au moins 10 mètres	3 »	3 50	4 »	5 »	» »	» »	» »
id. id. et dépendances contiguës ou rapprochées	5 »	6 »	7 »	8 »	» »	» »	» »
séchoirs à chaud séparés	5 »	6 »	7 »	8 »	» »	» »	» »
en rouge	» »	» »	» »	» »	» »	» »	» »
TÉRÉBENTHINE et VERNIS (conventions spéciales)	» »	» »	» »	» »	» »	» »	» »
TISSAGE DE FIL ou DE COTON — sans parage ou avec parage à la vapeur	2 »	2 50	3 »	4 »	» »	» »	» »
avec parages chauffés par des poêles ou calorifères	3 »	3 50	4 »	5 »	» »	» »	» »
TISSUS EN CAOUTCHOUC	3 »	3 50	4 »	5 »	» »	» »	» »
TOILES CIRÉES et TAFFETAS GOMMÉS (conventions spéciales)	» »	» »	» »	» »	» »	» »	» »
TOILES PEINTES et leurs dépendances	2 »	2 50	3 »	4 »	» »	» »	» »
TUILERIES — fours	5 »	6 »	7 »	8 »	» »	» »	» »
id. chauffés au charbon de terre	3 »	3 50	4 »	5 »	» »	» »	» »
halles séparées	2 »	2 50	3 »	4 »	» »	» »	» »
VERMICELLES	3 »	3 50	4 »	5 »	» »	» »	» »
FABRIQUES ET USINES de la 2.e catégorie en non activité, le tiers de la prime la plus faible de chaque fabrique, sans que cette prime puisse être inférieure à	1 »	1 25	1 50	2 50	» »	» »	» »

OBJETS DIVERS.

BAINS publics sur bateaux	1 25	» »	» »	» »	» »	» »	» »
BATEAUX DRAGUEURS — avec machine à vapeur	3 »	» »	» »	» »	» »	» »	» »
avec manége	1 »	» »	» »	» »	» »	» »	» »
BATEAUX à vapeur sur rivière	4 »	» »	» »	» »	» »	» »	» »
BOIS ET FORÊTS NON RÉSINEUX — âgés de plus de 25 ans	» 30	» »	» »	» »	» »	» »	» »
âgés de 25 ans et au-dessous	» 50	» »	» »	» »	» »	» »	» »
de bois à brûler	» 60	» »	» »	» »	» »	» »	» »
CHANTIERS — de planches et de bois de construction avec atelier	1 »	» »	» »	» »	» »	» »	» »
sans atelier	1 50	» »	» »	» »	» »	» »	» »
de construction nautique	2 50	» »	» »	» »	» »	» »	» »
CHARBONS de bois — sur bateaux ou à l'air	1 25	» »	» »	» »	» »	» »	» »
en magasins. — bâtiments et marchandises	1 50	2 »	2 50	3 »	4 »	5 »	6 »
CHARBONS de terre — sur bateaux ou à l'air	» 80	» »	» »	» »	» »	» »	» »
en magasins. — bâtiments et marchandises	1 »	1 25	1 50	2 50	4 »	5 »	6 »
ENTREPÔTS PUBLICS — bâtiments	1 »	» »	» »	» »	» »	» »	» »
marchandises	1 50	» »	» »	» »	» »	» »	» »
FAGOTS, ÉCORCES et COTRETS, en tas ou en meule	3 »	» »	» »	» »	» »	» »	» »
MARCHANDISES en route sur voiture (conventions spéciales)	» »	» »	» »	» »	» »	» »	» »
NAVIRES et BATEAUX — dans les ports et rivières	1 50	» »	» »	» »	» »	» »	» »
en construction	2 50	» »	» »	» »	» »	» »	» »
PONTS SUSPENDUS — ensemble des constructions	1 »	» »	» »	» »	» »	» »	» »
tabliers et système de suspension	1 50	» »	» »	» »	» »	» »	» »

15

RISQUES D'EXPLOSION DU GAZ SERVANT A L'ÉCLAIRAGE.

La Compagnie garantit , outre les risques d'incendie , ceux résultant de l'explosion du Gaz, moyennant les suppléments de primes ci-après :

1.º Risques d'incendie assurés par la Compagnie :

5 c. p. 1,000 f. sur Maisons d'habitation de première ou deuxième classe.

15 c.   »   » Mobiliers et Marchandises ordinaires dans lesdites maisons.

30 c.   »   » { Mobiliers et Marchandises des professions suivantes : Albâtres (Marchands d'). — Bijoutiers. — Cafetiers. — Confiseurs. — Cristaux (Marchands de). — Faïenciers. — Horlogers. — Instruments de musique (Marchands d'). — Miroitiers. — Objets d'art et de curiosité (Marchands d'). — Opticiens. — Parfumeurs. — Pharmaciens. — Porcelaines , Tableaux , Verreries (Marchands de).

30 c.   »   » Devantures de boutiques de toutes professions, fabriques et usines et salles de spectacles.

2.º Risques d'incendie non assurés par la Compagnie :

Maisons d'habitation, mobiliers et marchandises ordinaires.

UN TIERS de la prime des risques d'incendie, sans que ce tiers puisse être au-dessous de 15 c. pour 1,000 fr.

Marchandises des professions ci-dessus (Albâtres marchands d', etc.) Devantures de boutiques de toutes professions, fabriques et usines, 50 c. pour 1,000 fr.

ASSURANCES DU RISQUE DES LOCATAIRES.

« Art. 1733 du Code civil. Le locataire répond de l'incendie , à moins qu'il ne prouve que l'incendie est arrivé par cas fortuit ou force majeure, « ou par vice de construction, ou que le feu a été communiqué par une maison voisine.

« Art. 1734. S'il y a plusieurs locataires, tous sont solidairement responsables de l'incendie , à moins qu'ils ne prouvent que l'incendie a « commencé dans l'habitation de l'un d'eux , auquel cas celui-là seul en est tenu ;

« Ou que quelques-uns ne prouvent que l'incendie n'a pu commencer chez eux ; auquel cas ceux-là n'en sont pas tenus. »

La Compagnie garantit les locataires de la responsabilité résultant de ces deux articles :

1.º Si l'immeuble n'est point assuré par la Compagnie ,

Moyennant LA PRIME ENTIÈRE portée au tarif quand il s'agit D'UNE FABRIQUE ou USINE ;

Moyennant les 3/4 de la prime portée au tarif, quand il s'agit d'un risque autre qu'une fabrique ou usine, sans que cette prime puisse être au-dessous de 25. p. 1,000 fr.

2.º Si l'immeuble est assuré par la Compagnie et pendant la durée de cette assurance, moyennant LE QUART de la prime , sans que cette prime puisse être au-dessous de 10 c. p. 1,000 fr.

ASSURANCE DU RECOURS DES VOISINS.

« Art. 1382 du Code civil. Tout fait quelconque de l'homme , qui cause à autrui un dommage , oblige celui par la faute de qui il est arrivé à « le réparer. »

« Art. 1383. Chacun est responsable du dommage qu'il a causé, non seulement par son fait, mais encore par sa négligence ou par son imprudence. »

Aux termes de ces articles , le propriétaire ou le locataire dont la maison ou l'habitation aurait communiqué l'incendie serait exposé aux recours des voisins qui auraient souffert un dommage par la communication du feu.

La Compagnie garantit les effets de ce recours :

Moyennant 1 4 de la prime la plus forte applicable à la maison de l'assuré ou à celle de ses voisins , suivant le genre de construction et la nature des professions , sans que cette prime puisse être au-dessous de 20 c. p. 1,000 fr.

RISQUES DE CONTIGUÏTÉ.

Dans les fabriques ou usines, tout risque CONTIGU , SANS COMMUNICATION , à un risque plus grave, doit payer au moins LES DEUX CINQUIÈMES de la prime applicable à ce dernier.

Cette règle doit être observée à l'égard des risques contigus à un THÉÂTRE , à une FILATURE DE COTON , de lin ou de laine , à une FABRIQUE OU RAFFINERIE DE SUCRE , et à une FABRIQUE DE GARANCE , lors même que ces établissements appartiennent à un autre propriétaire.

Pour qu'il y ait CONTIGUÏTÉ SANS COMMUNICATION, il faut que les risques soient séparés par un mur en pierres, sans ouverture, s'élevant jusqu'au faîte.

Lorsqu'il y a communication, la prime du risque le plus grave doit être appliquée à l'ensemble du risque. Toutefois, si l'ouverture est fermée par une porte en fer, on pourra se contenter, pour le risque le plus faible , de LA MOITIÉ de la prime du risque principal.

Tout risque contigu à un bâtiment couvert en bois ou en chaume doit payer au moins LES DEUX CINQUIÈMES de la prime exigible pour ce dernier.

Dans aucun cas , le taux de la prime ne saurait être inférieur à celui applicable au risque en lui-même.

COUVERTURES PARTIE EN TUILES OU ARDOISES, PARTIE EN BOIS OU CHAUME.

Les bâtiments ainsi couverts paient les 3/4 de la prime du risque de la 2.º classe auquel ils appartiennent.

FERMES , EXPLOITATIONS RURALES , PETITS CULTIVATEURS.

La prime des exploitations rurales , ou fermes , est applicable à tout cultivateur qui fait assurer sur des bâtiments comprenant grange , étable ou grenier à fourrage , une somme de plus de 3,000 fr. , ou bien sur récoltes , bestiaux , mobilier aratoire , une somme de plus de 1,000 fr

La prime DES PETITS CULTIVATEURS n'est applicable qu'à ceux qui font assurer sur leurs bâtiments une somme de 3,000 fr. et au-dessous, ou sur leurs récoltes , bestiaux et mobilier aratoire , une somme de 1,000 fr. et au-dessous.

MARCHANDISES DE DIVERSES ESPÈCES.

Dans les assurances de marchandises ordinaires, on tolère , sans augmentation de prime , soit UN DIXIÈME de marchandises hasardeuses , soit UN VINGTIÈME de marchandises doublement hasardeuses.

Dans les assurances de même marchandises hasardeuses, on tolère de même UN DIXIÈME de marchandises doublement hasardeuses.

Au-dessus de cette proportion , la prime du risque le plus grave doit être appliquée.

ASSURANCES AU-DESSOUS D'UNE ANNÉE.

1/3 de la prime annuelle pour 3 mois et au-dessous. }

2/3 de la prime pour 3 mois un jour jusqu'à 6 mois. } En cas de renouvellement ou prolongation , la même prime est exigible.

Prime entière pour 6 mois un jour et un an.

Les FABRIQUES et USINES et leur contenu , ainsi que les BATEAUX A VAPEUR , ne peuvent être assurés à une prime inférieure à celle de l'année.

ASSURANCES ESCOMPTÉES.

L'assuré a la faculté d'escompter ses primes à raison de 5 p. º/º l'an. Si la police est souscrite pour six années consécutives , il est fait remise, A TITRE D'ESCOMPTE , de la prime de la sixième année , contre le paiement comptant et intégral de la prime des cinq premières.

TARIF
des Filatures de Lin ou de Chanvre.

	Chauffage à la vapeur.		Chauffage ordinaire.	
	ÉCLAIRAGE		ÉCLAIRAGE	
	au gaz.	aux quinquets	au gaz.	aux quinquets
FILATURES avec toutes les préparations........	15	16	18	20
Id. sans cardage ou sans peignage...........	12	15	14	16
Id. sans cardage ni peignage , mais avec boudinage et étirage.......	7	8	9	10
Id. sans aucune des préparations ci-dessus , avec métiers à filer seulement....	5	6	7	8
Les séchoirs à la vapeur n'augmentent pas la prime du risque.				
MAGASINS DE LIN ou ÉTOUPES séparés.			2 50	

Les becs doivent être soigneusement renfermés et de manière à ne pouvoir communiquer le feu aux objets extérieurs.

Les bâtiments où il existe des portes en fer ne sont pas considérés comme risques distincts et sont passibles de la même prime.

Modèle N.º 6.

* Dire si c'est comme propriétaire, usufruitier, locataire, négociant, commissionnaire, administrateur, créancier hypothécaire, etc.

Tous les articles formant un même risque, contenant et contenu, doivent être placés à la suite les uns des autres.

Il faut relater soigneusement à chaque article la lettre sous laquelle le bâtiment est désigné au tracé.

Bâtiments.

Désigner la situation, le genre de construction et de couverture de chacun des risques, leur usage et la somme à assurer sur chacun d'eux. Indiquer s'ils sont séparés ou contigus; le nom du propriétaire, celui du locataire et leurs professions.

Mobilier industriel.

Indiquer les principaux objets dont il se compose et les lieux où ils sont placés.

Mobilier personnel.

Mêmes désignations des lieux que pour les bâtiments. — Répartir la somme à assurer:
1.º Sur meubles et ustensiles de ménage;
2.º Sur linge et effets d'habillement:
3.º Sur chevaux et voitures;
4.º Sur glaces, pendules et ornements;
5.º Sur argenterie de table:
6.º Sur bibliothèques:
7.º Sur tulles, dentelles, cachemires;
8.º Sur TABLEAUX, gravures, objets d'art;
9.º Sur provisions.

Marchandises.

Mêmes désignations des lieux que pour les bâtiments. — Indiquer leur nature et si le proposant est propriétaire ou consignataire.

Risques locatifs.

Mêmes désignations qu'à l'article *Bâtiments*, et dire si le propriétaire est ou n'est pas assuré par la Compagnie.

Recours des voisins.

Mêmes désignations qu'à l'article *Bâtiments*, tant pour la maison susceptible de communiquer le feu que pour les maisons contiguës.

LE NORD,

DATE de l'envoi...

COMPAGNIE D'ASSURANCES CONTRE L'INCENDIE,

Autorisée par Ordonnances royales,

Rue Saint-Pierre, N.º 29, A LILLE.

PROPOSITION D'ASSURANCE.

M. L. . . . . (Augustin),

profession de cultivateur,

demeurant à Nieppe, canton de Bailleul, arrondissement d'Hazebrouck (Nord),

agissant comme locataire et pour le compte du propriétaire des bâtiments, et propriétaire des valeurs mobilières,

propose à la compagnie LE NORD de l'assurer contre l'incendie pendant dix ans, pour la somme de quarante mille francs, savoir :

	Sommes de chaque article.	TAUX des primes pour 1,000 fr.	MONTANT de chaque article.	
1.º Dix mille francs sur les bâtiments désignés par la lettre A au tracé ci-contre, comprenant habitation et ses dépendances, grande porte, écurie voûtée et fournil, le tout construit et couvert en dur, ci.	10,000	1	"	10	"
2.º Cinq mille francs sur les bâtiments B, à rez-de-chaussée seulement, construits en dur, couverts en chaume, et comprenant étables, diverses dépendances et porte d'entrée, ci.	5,000	4	"	20	"
3.º Six mille francs sur les bâtiments C, de construction et couverture mixtes, comprenant grange, diverses dépendances, débarrassoir et remises.	6,000	3	75	22	50
A REPORTER.	21,000			52	50

Modèle N.º 6 (suite).

	Sommes de chaque article.	Taux des primes pour 1,000 fr.		Montant de chaque article.	
D'autre part ...... F.	21,000	»	»	52	50
4.º Neuf cents francs sur D. grange et débarrassoir, construits en paillotis, couverts en paille, ci..................................	900	6	»	5	40
5.º Cent francs sur E, hangar, construit en paillotis, couvert en pannes et chaume, ci...................................	100	4	50	»	45
6.º Quatre mille francs sur mobilier personnel dans l'habitation, consistant en meubles, lits, literies, linge de toutes espèces, vêtements, ustensiles et provisions de ménage, argenterie et bijoux non compris, ci..................	4,000	1	»	4	»
7.ª Trois mille francs sur mobilier de ferme, composé de chariots, charrues, herses, perches, cuves et autres instruments aratoires, placés dans tous les bâtiments ci-dessus, mais principalement dans l'habitation et la grange, ci.........	3,000	2	50	7	50
8.º Mille francs sur bêtes à cornes dans les étables B, ci...........	1,000	4	»	4	»
9.º Mille francs sur chevaux dans l'écurie A, ci.................	1,000	1	»	1	»
10.º Quatre mille francs sur récoltes battues, de diverses natures, renfermées dans l'habitation, ci..............................	4,000	1	»	4	»
11.º Deux mille francs sur mêmes récoltes dans la grange C, ci.........	2,000	4	50	9	»
12.º Quinze cents francs sur récoltes en meules placées sur les terres de l'exploitation de l'assuré pendant toute l'année, ci....................	1,500	6	»	9	»
13.º Quinze cents francs sur récoltes en meules pendant six mois, du 1.er août de chaque année au 1.er février suivant, ci.................	1,500	4	»	6	»
Total.........	40,000	»		102	85

Fait à Nieppe, le 17 janvier 1818.

Le Proposant,

' Déclarer si les bâtiments à assurer ou renfermant les objets à assurer sont ou non contigus à des bâtiments couverts en chaume ou en bois, à un théâtre, à une filature de lin, de laine ou de colon, à une raffinerie, à une fabrique de sucre ou à une usine quelconque ;
S'il existe ou non une autre profession augmentant le risque, ou des marchandises hasardeuses ;
Si le proposant a fait faire d'autres assurances sur les mêmes objets ou sur d'autres objets faisant partie du même risque.

TRACÉ DES BATIMENTS.

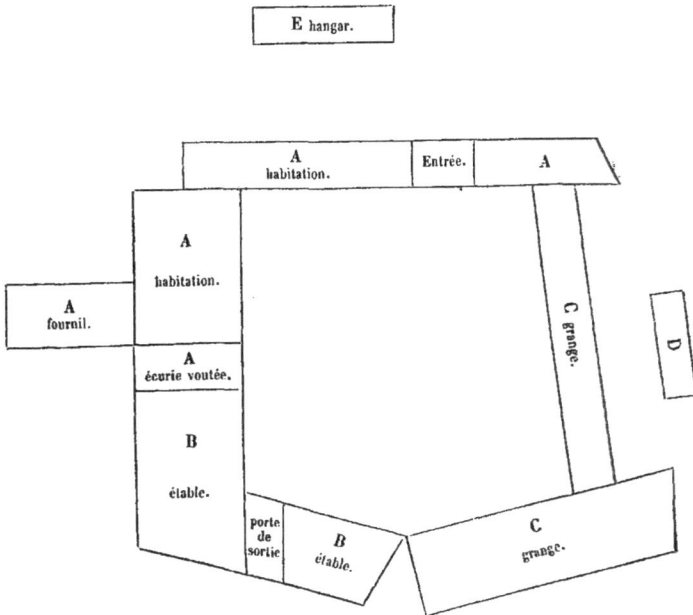

E hangar.

A habitation.	Entrée.	A

A habitation.

A fournil.

A écurie voutée.

B étable.

C grange.

D

porte de sortie

B étable.

C grange.

Modèle N.° 7.

1.º Depuis quelle époque l'établissement existe-t-il ? A-t-il déjà éprouvé quelque sinistre, petit ou grand? Dans ce cas, quelle en a été la cause, et qu'en est-il résulté?	
2.º Était-il précédemment assuré par une autre Compagnie? Dans ce cas, quel est le motif du changement?	
3.º Le proposant est-il lui-même à la tête des travaux, ou sont-ils confiés aux soins de contre-maîtres ou de directeurs? Les uns ou les autres sont-ils soigneux et surveillants?	
4.º L'établissement marche-t-il bien ? Les produits se vendent-ils bien et avec avantage ?	
5.º Quelle est la réputation du proposant ? Son crédit est-il bon? Son entreprise est-elle proportionnée à sa fortune et à ses capitaux ?	
6.º Le proposant est-il aimé de ses ouvriers? Ne passe-t-il pas pour avoir des ennemis ?	

7.° En résumé, si vous étiez assureur pour votre propre compte, regarderiez-vous cette assurance comme bonne? Nous conseillez-vous de la prendre, de la refuser ou de la réduire?

8.° Existe-t-il plusieurs corps de bâtiment, ont-ils été originairement construits pour leur usage actuel? Ceux qui sont contigus ont-ils entre eux des murs de refend en pierres ou en briques? Ces murs sont-ils entièrement pleins jusqu'à la toiture, ou bien contiennent-ils des portes en bois ou en fer, ou d'autres ouvertures?

9.° Les ateliers sont-ils plafonnés, carrelés ou planchéiés?

10.° Le moteur consiste-t-il en un manége, une machine hydraulique ou une machine à vapeur? Si c'est une machine à vapeur, est-elle adjacente ou isolée? Les fourneaux des générateurs ou appareils sont-ils en bon état?

11.° Les escaliers sont-ils dans l'intérieur ou à l'extérieur, larges ou étroits, en bois ou en pierres?

12.° Quel est le genre de chauffage, soit poêles ordinaires, calorifères ou vapeur? Les foyers sont-ils dans l'intérieur ou au dehors? Les tuyaux sont-ils en tôle ou en fonte? Comment sont-ils maintenus? Sont-ils suffisamment éloignés des charpentes? Traversent-ils les planchers? Dans ce cas, comment les planchers sont-ils garantis?
Quel est le combustible dont on fait usage?

13.° Comment l'éclairage a-t-il lieu? Les quinquets ou les becs à gaz sont-ils convenablement éloignés des métiers? Sont-ils renfermés dans des lanternes ou bien la lumière n'est-elle garantie que par de simples verres! Dans ce dernier cas , les verres sont-ils assez épais ? Existe-t-il dans les ateliers un réglement pour le service des quinquets?

14.º Passe-t-on quelquefois la nuit au travail ?

15.º L'établissement possède-t-il des pompes à incendie ou d'autres moyens de secours ?
Quel secours peut-on espérer du voisinage?

16.º La somme proposée à l'assurance, sur les bâtiments et le mobilier industriel , représente-elle la valeur de construction , le prix d'achat ou la valeur vénale ?

Filatures de coton.

17.º Quelles sont particulièrement les précautions prises pour l'éclairage et le chauffage de la carderie et du batteur ?

Filatures de laine et fabriques de drap.

18.º Quel est l'âge des divers métiers servant à la filature de laine , leur système , le nom des constructeurs qui les ont fournis ? Sont-ils dans un bon état d'entretien ?

19.º Les débourrages et déchets de laine sont-ils enlevés chaque jour, et où sont-ils déposés ?

20.º De quelle manière sèche-t-on les laines et les draps?
S'il existe des séchoirs à chaud , comment sont-ils disposés ?

21.º Éxiste-t-il des cuves de teinture?
Sont-elles chauffées à feu nu ou à la vapeur ?

22.º L'apprêt des draps a-t-il lieu au moyen de plaques de métal chauffées au feu ou par des cylindres à la vapeur ?

Forges et fonderies.	23.° Quel est le combustible dont on fait usage ?	
	24.° Quelle est la distance entre l'établissement et les lieux où il s'approvisionne de charbon de bois, et en combien de temps le transport se fait-il ?	
	25.° Lorsque, pendant la nuit, on fait passer du charbon des halles au haut-fourneau ou dans les ateliers de forge, comment éclaire-t-on ce transport ?	
	26.° Les halles à charbon sont-elles assez loin du haut-fourneau et des ateliers de forge, pour que des étincelles ne puissent s'y introduire ?	
Verreries, tuileries, poteries, fabriques de faïence et de porcelaine.	27.° Combien y a-t-il de fours à cuire ? Quelle est la construction particulière de ces fours ?	
	28.° Quelles sont la nature et la quantité du combustible ? A quelle distance des bâtiments est-il placé ?	
	29.° Comment sèche-t-on le bois, et où place-t-on la portion destinée à la consommation journalière ?	
Distilleries et brasseries à l'usage des fabricants.	30.° Les appareils sont-ils placés dans des lieux voûtés ?	
	31.° La distillation se fait-elle au feu ou au bain-marie ?	
	32.° Les alambics sont-ils bien conditionnés, sans fissures, et faciles à être bien lutés ? Comment les tourailles sont-elles disposées ?	
Papeteries.	33.° Le papier se fabrique-t-il par les anciens procédés ou à la mécanique ? Dans ce dernier cas, a-t-on conservé les étendages ou bien le papier est-il séché au moyen de cylindres chauffés par la vapeur ?	

34.° S'il existe un étendage, y va-t-on avec de la lumière, et est-il quelquefois ou habituellement chauffé?

35.° Y a-t-il une chaudière à encollage, et quelle est sa situation?

36.° L'emplacement où l'on renferme et trie les chiffons est-il d'un accès facile ou est-il encombré? Y fait-on du feu ou permet-on aux ouvriers l'usage de chaufferettes?

37.° Comment est chauffé le local où se fait le choix du papier?

Raffineries de sucre.

38.° Quels sont le nombre et la capacité des chaudières et autres appareils servant à la cuite? Comment est disposé le local qui les renferme? Ce local est-il assez vaste pour que l'ouverture du foyer, si elle est intérieure, ne puisse être en contact avec d'autres objets? Est-il assez élevé pour que les flammes ne puissent atteindre le plafond ou la charpente?

39.° La cuite s'opère-t-elle à feu nu, à la vapeur ou dans le vide?

40.° Combien y a-t il de purgeries? Quelle est l'élévation des étages? Où sont-elles placées? Sont-elles chauffées au moyen de la vapeur, par des calorifères ou par des poêles ordinaires? Dans ces deux derniers cas, comment la chaleur est-elle conduite dans les diverses parties des purgeries? Est-ce par des constructions au-dedans ou contre les murs, ou par des tuyaux en tôle? Si l'on se sert de ceux-ci, quelles sont les précautions prises pour garantir de leur voisinage les planchers ou les charpentes, et pour prévenir le déboîtement des tuyaux?

41.º Y a-t-il une ou plusieurs étuves ? Les ouvertures qui s'y trouvent pratiquées à chaque étage sont-elles fermées par des portes ou fenêtres en fer ? L'ouverture du foyer et les tuyaux d'ascension de la fumée sont-ils extérieurs ? La cloche qui recouvre le foyer est-elle en fonte et en bon état ? Se trouve-t-il au-dessus de cette cloche une couverture en tôle ou une voûte en briques ? Quelle est la distance entre la cloche et les premiers rayons ou étagères ? Ces derniers sont-ils en bois ou en fer et solidement assujettis ?

Fabriques de sucre de betteraves.

42.º Le fabricant est-il en même temps planteur de betteraves, ou s'approvisionne-t-il chez les cultivateurs voisins ? Dans le premier cas, les terres sont-elles sa propriété ? Si elles ne lui appartiennent pas, les afferme-t-il à un taux couvenable ? Quel est le nombre d'hectares qu'il cultive en betteraves ? Dans le deuxième cas, quelle est la quantité, en poids, de betteraves qu'il achète annuellement ?

43.º La cuite se fait-elle à la vapeur ?

44.º Par quel procédé les étuves et les purgeries sont-elles chauffées ? Si c'est par des calorifères, les tuyaux qui traversent les étages sont-ils suffisamment éloignés des planchers, ou bien séparés de ces derniers par une maçonnerie suffisante ? Se sert-on à la fois de calorifères et de la vapeur ?

45.º Fait-on usage de cristallisoirs avec étagères, ou bien de formes et pots en terre ?

46.º Ne raffine-t-on point de sucres en pains ?

Modèle N.° 8.

LE NORD,

COMPAGNIE D'ASSURANCES CONTRE L'INCENDIE,

Autorisée par Ordonnances royales,

DIRECTION CENTRALE	A LILLE, RUE SAINT-PIERRE, N.° 29.	AGENCE DE LILLE.
N.° 3939.		N.° 1738.

Conseil d'Administration.

MM. **Verley,** Ch., directeur de la Banque, président.
Descamps père, Aug., propriétaire, vice-président.
Casteleyn, Jules, propriétaire.
Champon-Dubois, régent de la Banque.
Crespel, Ch., négociant.

MM. **Mille-Mimerel,** manufacturier.
Scrive-Bigo, manufactur., membre de la Chambre de commerce.
Tailliar-Desreumaux, propriétaire, administrateur de la Caisse d'épargne.
Tilloy-Casteleyn, nég., membre de la Chambre de commerce.

M. Firmin JOYAU, Directeur.

M. A. . . . . (J.-B.-J.), de Lille. ARRONDISSEMENT DE LILLE. DÉPARTEMENT DU NORD.	Valeur assurée : F. 130,000. PRIME ANNUELLE : F. 70 50 c.	Date : 3 mai 1844. Effet du 4 mai 1844. Durée : 10 ans. Expiration : 4 mai 1854.

CONDITIONS GÉNÉRALES.

ARTICLE PREMIER. La Compagnie assure toutes propriétés mobilières ou immobilières, 1.o contre l'incendie; 2.o contre la foudre, quand elle cause incendie; 3.o contre l'explosion par l'éclairage au gaz.

Elle rembourse les dommages causés par suite de l'incendie, de la foudre ou de l'explosion par l'éclairage au gaz.

Elle rembourse aussi les dommages résultant en cas d'incendie, de foudre ou d'explosion, de la démolition des bâtiments assurés, lorsque cette mesure a été ordonnée par l'autorité compétente.

Elle assure aussi le risque locatif et le recours du voisin.

Elle affranchit, de plein droit, le locataire (dont elle assure le mobilier personnel dans une maison de simple habitation, également assurée par elle), du recours qu'elle pourrait exercer contre lui, comme subrogée aux droits du propriétaire.

Elle renonce, si le feu se communique d'un bâtiment assuré par elle à un autre bâtiment qu'elle aurait également assuré, à exercer son recours contre l'assuré dont le bâtiment aurait communiqué l'incendie.

ART. 2. La Compagnie n'assure pas les dépôts, magasins et fabriques de poudre à tirer, les titres de toute nature, les lingots et les monnaies d'or et d'argent, les diamants, pierreries et perles fines.

Elle ne répond pas des incendies occasionnés par guerre, invasion, force militaire et émeute quelconque.

Elle n'assure pas contre les effets de la foudre autres que ceux de l'incendie.

Elle n'assure pas contre les explosions autres que celles occasionnées par incendie ou par l'éclairage au gaz.

Elle n'assure contre l'explosion par l'éclairage au gaz que quand l'assurance contre ce risque est spécialement stipulée, et moyennant une prime particulière.

Elle n'est responsable que des dommages matériels, et ne doit, soit au propriétaire, soit au locataire, soit au voisin, aucune indemnité pour changement d'alignement, défaut de location ou de jouissance, résiliation de baux, chômage de toute autre perte non matérielle.

Elle ne répond des tulles, des dentelles, des cachemires, des bijoux, de l'argenterie, des tableaux, des statues et généralement de tous les objets rares et précieux, que lorsqu'ils sont spécialement désignés dans la police.

Elle ne répond, dans aucun cas, des objets perdus ou volés.

ART. 3. L'assuré doit faire mentionner dans la police en quelle qualité il agit.

En cas de mutation dans les objets assurés, par suite de vente, décès ou faillite, la police continue de plein droit; l'acquéreur, les héritiers ou ayant-cause restent obligés au paiement de la prime, et ils sont tenus de faire mentionner immédiatement leur qualité dans la police. Au cas de refus de l'acquéreur, la Compagnie a son recours contre le vendeur.

ART. 4. Si, à l'intérieur ou à l'extérieur des bâtiments assurés, ou renfermant des objets assurés, il est fait des changements qui augmentent ou multiplient les chances d'incendie;

S'il y est établi une fabrique, une usine, une manipulation ou une profession plus dangereuse que celle mentionnée dans la police;

S'il y est introduit des denrées, des marchandises ou des objets quelconques qui aggravent les risques;

Si les objets sont transportés dans d'autres lieux que ceux désignés par la police;

L'assuré est tenu d'en faire mentionner immédiatement sa déclaration dans la police et de payer, s'il y a lieu, une augmentation de prime.

Si, dans une propriété contiguë à celle assurée, il est établi un théâtre, une fabrique ou usine quelconque, l'assuré est tenu d'en faire mentionner sa déclaration sur la police, dans le mois qui suit la mise en activité de l'établissement, et de payer une prime additionnelle.

ART. 5. Si l'assuré a fait couvrir avant la date de la présente police, ou s'il fait couvrir postérieurement les objets sur lesquels porte l'assurance, par des sociétés mutuelles ou à prime, il est tenu d'en faire mentionner immédiatement sa déclaration sur la police.

Cette déclaration acceptée, la Compagnie supportera, en cas d'incendie, la perte au centime le franc de la somme assurée par elle.

ART. 6. La Compagnie se réserve le droit de résilier la police par une simple notification, lors des déclarations prescrites par les articles 3, 4 et 5, et les primes payées ou échues lui demeurent acquises.

Faute de ces déclarations et de leur mention sur la police, il n'est dû aucune indemnité en cas d'incendie, et les primes payées ou échues restent néanmoins acquises à la Compagnie.

Toute réticence, toute fausse déclaration de la part de l'assuré, qui diminuerait l'opinion du risque ou en changerait le sujet, annule l'assurance.

ART. 7. La Compagnie se réserve le droit de réduire, à son gré et en tout temps, le montant de l'assurance, 1.o dans les cas prévus par l'article 3; 2.o et lorsque l'assurance porte sur marchandises, fabriques, usines, mobiliers industriels, récoltes ou autres sujets à varier.

Si l'assuré ne consent pas immédiatement aux réductions voulues par la Compagnie, la police est résiliée de plein droit par une simple notification, et la Compagnie restitue la portion de prime applicable au temps restant à courir.

ART. 8. Le paiement des primes d'assurance s'effectue d'avance et annuellement au domicile de la Compagnie, à Lille, ou de ses agents dans les autres communes.

Celle de la première année se paie en signant la police, qui n'a d'effet qu'après ce paiement.

Celles des années suivantes se paieront à l'échéance convenue; néanmoins, il est accordé à l'assuré quinze jours de grace pour les acquitter.

A défaut de paiement de la prime dans ce délai, l'assurance se trouve suspendue, et sans qu'il soit besoin d'aucune demande ou mise en demeure, l'assuré n'a droit, en cas d'incendie, à aucune indemnité.

La Compagnie peut néanmoins, à son choix, ou résilier la police par une simple notification, ou la maintenir et en poursuivre l'exécution.

La police n'est remise en vigueur que vingt-quatre heures après le paiement accepté de toutes les primes échues.

Le paiement des primes non acquittées à leur échéance se poursuit par les voies de droit, et tous les frais et déboursés, même ceux de timbre, d'amende et d'enregistrement, sont à la charge de l'assuré.

ART. 9. Aussitôt que l'incendie se déclare, l'assuré doit, comme s'il n'était pas assuré, employer tous les moyens qui sont en son pouvoir pour en arrêter les progrès et sauver les objets assurés.

La Compagnie tient compte des frais faits et dont il sera justifié, pour le déplacement et la conservation des objets sauvés.

L'assuré doit, à l'instant même de l'événement, en donner avis au directeur de la Compagnie, si l'incendie a eu lieu dans l'arrondissement de Lille, ou à l'agent du chef-lieu d'arrondissement ou de canton de l'incendie.

Immédiatement après l'incendie, l'assuré doit, à ses frais, en faire la déclaration devant le juge de paix du canton.

Cette déclaration indique l'époque précise de l'incendie, sa durée, ses causes connues ou présumées, les moyens pris pour en arrêter les progrès, ainsi que toutes les circonstances qui l'ont accompagné; elle indique encore la nature et la valeur approximative du dommage.

Une expédition en forme est transmise sans délai, soit, comme il est dit ci-dessus, à l'agent, soit au directeur de la Compagnie.

L'assuré est tenu de fournir ensuite l'état, certifié par lui, des objets incendiés et sauvés.

Si, dans les quinze jours après l'incendie, l'assuré n'a pas transmis les pièces exigées par le présent article, il est déchu de tous ses droits contre la Compagnie, à moins d'impossibilité constatée.

ART. 10. Les sommes assurées, les primes perçues, les désignations et évaluations contenues dans la police, ne peuvent être invoquées ni opposées par l'assuré, comme une reconnaissance ou une preuve de la valeur ou de l'existence des objets assurés.

En conséquence, l'assuré doit justifier à la Compagnie ou à son agent compétent, par tous les moyens et documents en son pouvoir, de l'existence et de la valeur des objets assurés au moment de l'incendie.

La Compagnie peut exiger le serment de l'assuré dans les formes voulues par la loi.

ART. 11. Les dommages d'incendie sont réglés de gré à gré, ou évalués, après enquête et expertise contradictoire, par deux experts choisis par les parties, soit sur les lieux, soit ailleurs.

Si ces experts ne sont pas d'accord, ils s'adjoignent un tiers-expert.

Les trois experts opèrent en commun et à la majorité des voix.

Les parties peuvent exiger respectivement que le tiers-expert soit choisi hors du lieu où réside l'assuré.

ART. 12. Les immeubles, non compris la valeur du sol, et les effets mobiliers, sont estimés d'après leur valeur vénale au moment de l'incendie; les matières, denrées et marchandises sont évaluées au cours du jour de l'incendie.

S'il résulte de l'évaluation de gré à gré, ou de l'expertise, que la valeur des objets couverts par la police soit inférieure à la somme assurée, l'assuré n'a droit qu'au remboursement de la perte réelle et constatée, l'assurance ne pouvant jamais être pour l'assuré une cause de bénéfice.

Si, au contraire, il est reconnu que la valeur des objets couverts par la police excédait, au moment de l'incendie, la somme assurée, l'assuré est son propre assureur pour l'excédant, et il supporte, en cette qualité, sa part des dommages au centime le franc.

Dans aucun cas, la Compagnie ne peut être tenue à payer au-delà de la somme assurée et de sa part dans les frais d'expertise.

ART. 13 Aucun délaissement, ni total ni partiel, des objets mobiliers ou immobiliers assurés, avariés ou non avariés, ne peut être fait par l'assuré.

La Compagnie peut, dans les délais déterminés, soit à l'amiable, soit par experts, faire réparer ou reconstruire, sous la direction d'experts nommés contradictoirement, les bâtiments que l'incendie aurait endommagés ou détruits.

Elle peut de même, en totalité ou en partie, remplacer en nature, à l'amiable, les objets avariés ou détruits par l'incendie.

La Compagnie peut les reprendre, en totalité ou en partie, pour le montant de leur estimation.

ART. 14. L'assurance du risque locatif est basée sur le prix de la location.

Si le locataire a fait assurer une somme égale à quinze fois au moins le montant annuel de son loyer, la Compagnie répond à sa place de la totalité du dommage, jusqu'à concurrence de la somme assurée.

S'il n'a fait couvrir qu'une somme moindre, la Compagnie répond seulement du dommage dans la proportion existant entre la somme assurée et le montant de quinze années de loyer.

ART. 15. La Compagnie se réserve, en cas d'incendie, ou dans le cas prévu dans le paragraphe 4 de l'article 1er, ses droits et ceux de l'assuré contre tous garants généralement quelconques, à quelque titre que ce soit, et notamment contre les locataires (sauf le cas prévu par le paragraphe 5 de l'article 1er.), voisins, auteurs de l'incendie, associations d'assurance mutuelle, assureurs à prime ou autrement; à cet effet, l'assuré, en ce qui le concerne, la subroge sans garantie, par le seul fait de la présente police, et sans qu'il soit besoin d'aucune autre session, transport, titre ou mandat, à tous ses droits, recours et actions.

L'assuré est tenu, quand la Compagnie l'exige, de réitérer ce transport par acte séparé ou notarié, comme aussi de réitérer la subrogation dans la quittance du dommage.

ART. 16. Toute contestation entre l'assuré et la Compagnie sur les dommages d'incendie, sur les opérations et évaluations des experts et sur l'exécution des dispositions de la présente police, est soumise à trois arbitres jugeant conjointement, et choisis, l'un par l'assuré, l'autre par la Compagnie, et le troisième par les deux arbitres réunis.

Faute par l'une des parties de nommer son arbitre ou expert, ou par les arbitres ou experts de s'accorder sur le choix du troisième arbitre ou tiers-expert, il est désigné d'office par le président du tribunal de commerce dans les arrondissements où il en existe, et, à défaut, par le président du tribunal de première instance.

Les arbitres et experts sont dispensés de toutes formalités judiciaires.

Les frais d'arbitrage ou d'expertise sont supportés par moitié entre la Compagnie et l'assuré.

ART. 17. Le paiement des dommages, tel qu'il a été fixé, s'effectue comptant.

La Compagnie, après le sinistre et quelle que soit l'importance du dommage, peut résilier la police, en tout ou en partie, par une simple notification.

ART. 18. Est prescrite toute action en paiement des dommages, par six mois, à compter du jour de l'incendie ou des dernières poursuites; en conséquence, la Compagnie, ce délai expiré, ne peut être tenue à aucune indemnité.

CONDITIONS PARTICULIÈRES.

La Compagnie assure aux conditions générales qui précèdent et aux conditions particulières qui suivent :

A M. A...... (Jean-Baptiste-Joseph), négociant, demeurant à Lille, rue de Jemmapes. N.º 98 (Nord), agissant comme propriétaire, la somme de CENT TRENTE MILLE FRANCS sur bâtiments construits et couverts en dur, mobilier personnel et marchandises , savoir :

	Sommes assurées sur chaque article.	Taux de la prime pour 1,000 fr.	Montant des articles de prime.	
1.º QUARANTE-HUIT MILLE FRANCS sur la maison qu'il occupe rue de Jemmapes , N.º 98 , située entre rue, cour et jardin, ayant caves voûtées , rez-de-chaussée , un étage et grenier mansardé, figurée au tracé ci-contre sous la lettre A................	48,000	» 30	11	40
2.º DOUZE MILLE FRANCS sur B, petit bâtiment à droite dans la cour, à usage de bureaux, écurie, remise et magasins......................	12,000	» 30	3	60
3.º DIX MILLE FRANCS sur mobilier personnel et de bureaux dans lesdits bâtiments, et consistant en meubles meublants, lits, literies, ustensiles et provisions de ménage, linge, vêtements, glaces, pendules, tableaux et autres ornements , argenterie et bijoux , compris pour une somme de deux mille cinq cents francs , cheval , cabriolet et fourrages....................	10,000	» 75	7	50
4.º SOIXANTE MILLE FRANCS sur marchandises , consistant en fils et toiles de lin et de chanvre...	60,000	» 75	45	»
A REPORTER...................	130,000	» »	70	50

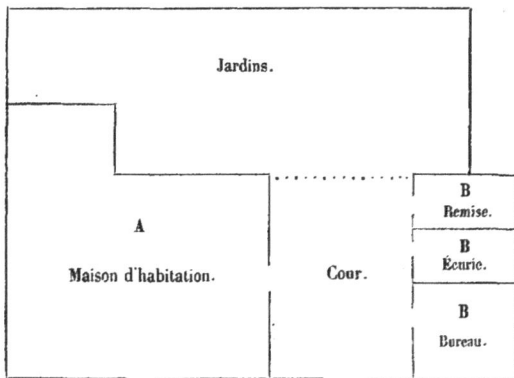

MODÈLE N.º 8 (SUITE).

	Sommes assurées sur chaque article.	Taux de la prime pour 1,000 fr.		Montant des articles de prime.	
REPORT............	130,000	»	»	70	50

Jardins.

A

Maison d'habitation.

Cour.

B
Remise.

B
Écurie.

B
Bureau.

L'assuré déclare que les bâtiments assurés ou renfermant les objets assurés ne sont contigus à aucun des risques mentionnés à l'article 4;
qu'il n'est exercé dans lesdits bâtiments aucune profession augmentant le risque, et qu'il n'y existe aucune marchandise plus hasardeuse que celles mentionnées à la présente police.

L'assurance est faite pour dix années,
à partir du quatre mai mil huit cent quarante-quatre, à midi, moyennant la prime annuelle détaillée ci-dessus, s'élevant à soixante-dix francs cinquante centimes. ....

	130,000				
	»	»	»	70	50

Les conditions imprimées et manuscrites de la présente police sont ainsi convenues et arrêtées entre les parties, pour être exécutées de bonne foi

Fait en double à Lille, le trois mai mil huit cent quarante-quatre.

Signature de l'Assuré,

Pour la Compagnie :
Le Directeur,

Prix de la police : 2 fr. — De la petite plaque : 1 fr. 50 c. — De la grande plaque : 2 fr.

Modèle N.° 9.

POLICE.

CONDITIONS PARTICULIÈRES.

La Compagnie assure aux conditions générales qui précèdent et aux conditions particulières qui suivent :

A M. B...... (Octave-Alexis), rentier.
demeurant à Valenciennes, rue Famars, N.° 18 (Nord),
agissant tant comme locataire que pour le compte du propriétaire,
la somme de CINQUANTE-CINQ MILLE FRANCS sur maison d'habitation, construite et couverte en dur, risque locatif et recours des voisins, savoir :

1.° TRENTE MILLE FRANCS sur la maison qu'il occupe rue Famars, N · 18, ayant cave, rez-de-chaussée, deux étages et grenier, appartenant à M. N..... (Félix), avocat. . . . .

Moyennant un supplément de dix centimes pour °/₀₀, la Compagnie garantit l'assuré contre le risque du recours qu'en cas de sinistre le propriétaire pourrait exercer contre l'assuré, aux termes des art. 1733 et 1734 du code civil. . . . .

2.° VINGT-CINQ MILLE FRANCS sur le risque du recours qu'en cas de sinistre les voisins pourraient exercer, soit contre l'assuré, soit contre son propriétaire . . . .

L'assuré déclare que le bâtiment assuré ou renfermant les objets assurés n'est contigu à aucun des risques mentionnés à l'article 1; qu'il n'est exercé dans ledit bâtiment aucune profession augmentant le risque, et qu'il n'y existe aucune marchandise plus hasardeuse que celles mentionnées à la présente Police.

L'assurance est faite pour dix années, à partir du 15 juillet 1847, à midi, moyennant la prime annuelle détaillée ci-dessus, s'élevant à dix-sept francs. . . . .

Sommes assurées sur chaque article.	Taux de la prime pour 1,000 fr.		Montant des articles de prime.	
30,000	»	30	9	»
»	»	10	3	»
25,000	»	20	5	»
55,000				
»	»	»	17	»

Les conditions imprimées et manuscrites de la présente Police sont ainsi convenues et arrêtées entre les parties, pour être exécutées de bonne foi.

Fait double à Valenciennes, le quatorze juillet mil huit cent quarante-sept.

Signature de l'Assuré :

Pour la Compagnie :

L'Agent principal.

17

Modèle N.º 10.

POLICE.

CONDITIONS PARTICULIÈRES.

La Compagnie assure aux conditions générales qui précèdent et aux conditions particulières qui suivent :

A M. C....... (Stanislas-Amédée), dit le *Caporal*, cultivateur, Demeurant à Vred, canton de Marchiennes, arrondissement de Douai (Nord), Agissant tant pour le compte du propriétaire que pour son propre compte comme locataire,

La somme de TRENTE-DEUX MILLE CINQ CENTS FRANCS sur bâtiments de ferme de diverses constructions et couvertures, mobilier de ferme, bestiaux et récoltes , le tout situé en ladite commune de Vred, savoir :

	Sommes assurées sur chaque article.	Taux de la prime pour 1.000 fr.		Montant des articles de prime.	
1.º SIX MILLE FRANCS sur le bâtiment figuré par la lettre A au tracé ci-contre, construit et couvert en dur, à usage d'habitation..............	6,000	1	"	6	"
2.º QUATRE MILLE FRANCS sur B , de construction mixte et de couverture mixte, à usage d'écurie, d'étable, de porcherie et de poulailler, sans communication avec le précédent	4,000	3	75	15	"
3.º TROIS MILLE FRANCS sur C , construit en torchis, couvert en chaume, à usage de grange, sans communication avec B ni D................	3,000	6	"	18	"
4.º DEUX MILLE FRANCS sur D, de construction mixte, où la brique domine, couvert en dur, à usage de grande porte , pigeonnier et fournil, sans communication avec A ni C......	2,000	1	50	3	"
5.º TROIS CENTS FRANCS sur E, petit bâtiment isolé, de construction mixte et de couverture mixte, à usage de remise........................	300	3	75	1	10
Moyennant le quart des primes ci-dessus stipulées pour l'assurance du propriétaire , la Compagnie garantit l'assuré locataire contre le risque du recours qu'en cas de sinistre le propriétaire, M. de B..., pourrait exercer contre lui, aux termes des articles 1733 et 1734 du code civil.........	"	"	"	10	80
6.º DEUX MILLE FRANCS sur mobilier personnel et mobilier de ferme dans A.	2,000	1	"	2	"
7.º TROIS MILLE FRANCS sur chariots, charrue, harnais et tous autres instruments aratoires de toute nature, répartis dans tous les bâtiments, particulièrement dans B, D et E, et sur les terres de l'exploitation...........	3,000	3	75	11	25
8.º QUINZE CENTS FRANCS sur chevaux dans B et sur les terres de l'exploitation..	1,500	3	75	5	60
9.º DEUX MILLE FRANCS sur vaches, porcs et poules dans B et sur les terres de l'exploitation.......	2,000	3	75	7	50
10.º DIX-SEPT CENTS FRANCS sur récoltes battues dans A............	1,700	1	"	1	70
11.º DEUX MILLE FRANCS sur récoltes de toute nature dans C, pendant toute l'année	2,000	7	"	14	"
12.º DEUX MILLE FRANCS sur récoltes aussi de toute nature, en supplément à l'article précédent, aussi dans C, pendant six mois , du 1.er octobre au 1.er avril de chaque année....................................	2,000	3	50	7	"
13.º TROIS MILLE FRANCS sur diverses récoltes en trois meules, situées sur les terres de l'exploitation, à environ 40 mètres de distance des bâtiments, et à trente mètres l'une de l'autre, pendant six mois, du 1.er août au 1.er février de chaque année.......................................	3,000	1	"	12	"
	32,500	"	"	114	95

	Sommes assurées sur chaque article.	Taux de la prime pour 1,000 fr.		Montant des articles de prime.	
Report..................	32,500	»	»	114	95

L'assuré ne paiera au comptant pour prime de première année que le prorata de cinq mois et quinze jours, du 15 novembre au 1.er mai, soit.. F. 52 70

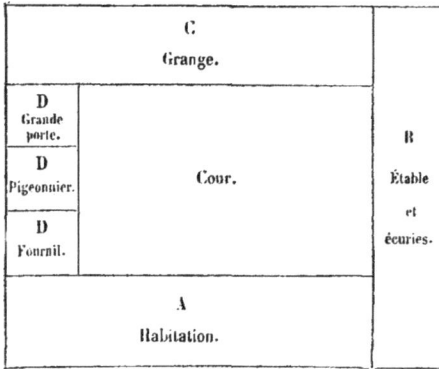

L'assuré déclare que les bâtiments assurés ou renfermant les objets assurés ne sont contigus à aucun des risques mentionnés à l'article 4;
qu'il n'est exercé dans lesdits bâtiments aucune profession augmentant le risque, et qu'il n'y existe aucune marchandise plus hasardeuse que celles mentionnées à la présente police.

L'assurance est faite pour neuf années, cinq mois et quinze jours,
à partir du quinze novembre mil huit cent quarante-huit, à midi, moyennant la prime annuelle détaillée ci-dessus, s'élevant à cent quatorze francs quatre-vingt-quinze centimes................................

	32,500				
	»	»	»	114	95

Les conditions imprimées et manuscrites de la présente Police sont ainsi convenues et arrêtées entre les parties, pour être exécutées de bonne foi.

Fait double à Lille, le quatorze novembre mil huit cent quarante-huit.

Signature de l'assuré :

Pour la Compagnie :
Le Directeur,

POLICE.

CONDITIONS PARTICULIÈRES.

	Sommes assurées sur chaque article.	Taux de la prime pour 1,000 fr.	Montant des articles de prime.

La Compagnie assure aux conditions générales qui précèdent et aux conditions particulières qui suivent :

A M. D..... (Emmanuel), négociant,

demeurant à Lille, rue........ N.º....,

agissant comme propriétaire et pour le compte de qui de droit,

la somme de DEUX CENT MILLE FRANCS sur marchandises ordinaires et marchandises hasardeuses, à Lille et à Dunkerque, dans des magasins tout en dur, savoir :

1.º CENT MILLE FRANCS sur lin et chanvre, fils de lin et fils de chanvre, dans ses magasins construits et couverts en dur, situés à Lille, rue...........

N.º..., et contigus, sans communication à la fabrique de sucre de M.V....,

laquelle est chauffée par des calorifères......................... | 100,000 | 1 25 | 125 | »

2.º CENT MILLE FRANCS sur marchandises de même nature dans les magasins de M. L....., à Dunkerque, rue......, N.º...., lesquels sont construits et couverts en dur, et sans contiguités dangereures.......... | 100,000 | 1 » | 100 | »

La présente police annule et remplace la précédente N.º 11348 des 30 et 31 mars 1846.

En conséquence du montant de la prime annuelle de......F. 225 »

il y a lieu de déduire pour prorata de deux mois de la prime

annuelle de 120 fr. de la précédente assurance déja payée....   20 »

L'assuré n'aura donc à payer au comptant, pour prime de première année, que................................. 205 »

La présente assurance forme risque contigu avec ladite sucrerie assurée par la Compagnie pour une somme de deux cent trente-cinq mille francs.

L'assuré déclare que les bâtiments renfermant les objets assurés ne sont contigus à aucun des risques mentionnés à l'article 4, si ce n'est avec la sucrerie ci-dessus mentionnée; qu'il n'est exercé dans ledit bâtiment aucune profession augmentant le risque, et qu'il n'y existe aucune marchandise plus hasardeuse que celles mentionnées à la présente Police.

L'assurance est faite pour sept années,

à partir du trente-un décembre mil huit cent quarante-huit, à midi, moyennant la prime annuelle détaillée ci-dessus, s'élevant à DEUX CENT VINGT-CINQ FRANCS................................ | 200,000 | » » | 225 | »

Les conditions imprimées et manuscrites de la présente Police sont ainsi convenues et arrêtées entre les parties, pour être exécutées de bonne foi.

Fait double à Lille, le trente décembre mil huit cent quarante-huit.

SIGNATURE DE L'ASSURÉ :   POUR LA COMPAGNIE :

                                           Le Directeur,

Modèle N.° 12.

POLICE.

CONDITIONS PARTICULIÈRES.

La Compagnie assure aux conditions générales qui précèdent et aux conditions particulières qui suivent :

A M. L..... B....... (Adolphe), brasseur,

Demeurant à Marcq-en-Barœul, canton de Tourcoing, arrondissement de Lille (Nord),

Agissant comme propriétaire,

La somme de SOIXANTE-DEUX MILLE TROIS CENTS FRANCS sur bâtiments tout en dur, mobiliers industriel et personnel, et marchandises d'une brasserie située à Marcq-en-Barœul, sur la grande route de Lille à Menin, savoir :

	Sommes assurées sur chaque article.	Taux de la prime pour 1,000 fr.	Montant des articles de prime.	
1.° HUIT MILLE FRANCS sur le bâtiment désigné au tracé ci-contre par la lettre A, à usage d'habitation, longeant la susdite grande route, avec grande porte, et formant le marteau à droite dans la cour ; il est élevé sur caves, d'un rez-de-chaussée, un étage et grenier......................	8,000	» 30	2	40
2.° DEUX MILLE CINQ CENTS FRANCS sur B, dépendances faisant également face à la route ; il est contigu au premier et à usage de magasin et écuries...	2,500	» 30	»	75
3.° CINQ MILLE FRANCS sur C, faisant de même face à la route et formant le marteau à gauche ; il est contigu à B et est à usage d'habitation occupée par M. B......., beau-père de l'assuré, et la partie qui forme marteau à gauche sert de buanderie, avec four, remise et tonnellerie............	5,000	» 30	1	50
4.° NEUF MILLE QUATRE CENTS FRANCS sur D, brasserie venant joindre par une aile de bâtiment celui A, dont il est séparé par un mur monturier sans communication ; dans la brasserie se trouve une pompe nouvellement construite, dont la valeur est comprise pour 400 fr. dans la présente assurance..	9,400	1 25	11	75
5.° QUATRE MILLE FRANCS sur E, formant le marteau avec la brasserie du côté du jardin ; il est à usage de magasin et communique par une porte intérieure avec la brasserie.................................	4,000	1 25	5	»
6.° TROIS MILLE FRANCS sur F, grange construite en briques et couverte en pannes.....................................	3,000	» 90	2	70
7.° SIX CENTS FRANCS sur G, hangar construit avec piliers en briques, couvert en dur, contigu à la grange F et à la brasserie............... ...	600	» 90	»	55
8.° HUIT MILLE FRANCS sur mobilier personnel dans A, dont deux mille francs sur bijoux, argenterie, glaces, pendules, ornements, etc.........	8,000	» 75	6	»
9.° QUINZE CENTS FRANCS sur houblon, avoine, lits d'ouvriers et harnais dans B.................................	1,500	» 75	1	10
10.° SIX MILLE FRANCS sur chaudières, bacs, cuves matières et cuve guilloire, tonnelles et autres ustensiles...........................	6,000	1 25	7	50
A reporter...........	48,000	» »	39	25

	Sommes assurées sur chaque article.	Taux de la prime pour 1.000 fr.		Montant des articles de prime.	
Report............	48,000	»	»	39	25
11.º MILLE FRANCS sur rondelles dans A......................	1,000	»	75	»	75
12.º TROIS MILLE FRANCS sur rondelles et jantiers dans D...........	3,000	1	25	3	75
13.º DIX-HUIT CENTS sur charbon dans D.....................	1,800	1	25	2	25
14.º QUATRE MILLE FRANCS sur grains dans D et E...............	4,000	1	25	5	»
15.º DEUX MILLE CINQ CENTS FRANCS sur bière en fabrication et fabriquée.	2,500	1	25	3	10
16.º QUINZE CENTS FRANCS sur chariots et bois dans G.............	1,500	»	90	1	35
17.º CINQ CENTS FRANCS sur foin, hyvernage et paille dans E..........	500	»	90	»	45
L'assuré déclare que les bâtiments assurés ou renfermant les objets assurés ne sont contigus à aucun des risques mentionnés à l'article 4; qu'il n'est exercé dans lesdits bâtiments aucune profession augmentant le risque, et qu'il n'y existe aucune marchandise plus hasardeuse que celles mentionnées à la présente police.					
L'assurance est faite pour dix années,	62,300				
à partir du dix-huit novembre mil huit cent quarante-six, à midi, moyennant la prime annuelle détaillée ci-dessus, s'élevant à CINQUANTE-CINQ FRANCS QUATRE-VINGT-DIX CENTIMES...................................	»	»	»	55	90

Les conditions imprimées et manuscrites de la présente police sont ainsi convenues et arrêtées entre les parties, pour être exécutées de bonne foi..

Fait double à Lille, le vingt-un novembre mil huit cent quarante-six.

Signature de l'Assuré :   **Pour la Compagnie :**

PLAN.

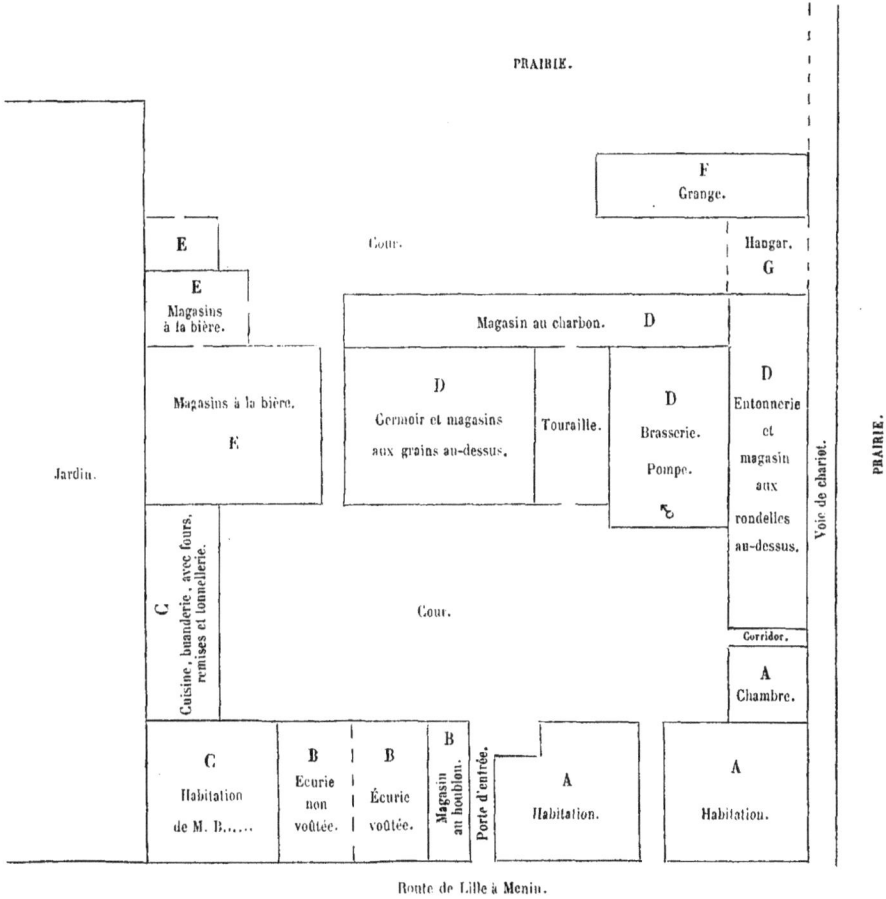

Modèle N.º 13.

POLICE.

<table>
<tr><td rowspan="2">CONDITIONS PARTICULIÈRES.</td><td>Sommes assurées sur chaque article.</td><td colspan="2">Taux de la prime pour 1,000 fr.</td><td colspan="2">Montant des articles de prime.</td></tr>
</table>

La Compagnie assure aux conditions générales qui précèdent et aux conditions particulières qui suivent :

A M. F..... (Jacques), filateur de lin ,

Demeurant à C....., arrondissement et canton de Lille (Nord) ,

Agissant tant comme locataire que pour le compte du propriétaire des bâtiments et du mobilier industriel, et propriétaire des autres valeurs mobilières ,

La somme de QUATRE-VINGT-UN MILLE CENT FRANCS , moitié de celle de CENT SOIXANTE-DEUX MILLE DEUX CENTS FRANCS, sur les bâtiments, construits et couverts en dur, de son habitation et de son établissement de filature de lin , situés à C....., mobilier personnel, mobilier industriel et marchandises dudit établissement, chauffé par la vapeur, éclairé par des quinquets, et sur risque locatif desdits bâtiments et dudit mobilier industriel , appartenant à MM. J...... et P....., savoir :

Article	Sommes assurées	Taux fr.	Taux c.	Montant fr.	Montant c.
1.º DIX-HUIT MILLE FRANCS sur l'habitation marquée AA, au plan annexé à la présente police...............................	18,000	2	50	60	»
2.º SIX MILLE FRANCS sur B, bâtiment à usage de magasin aux lins, fils et étoupes, communiquant avec l'habitation qui précède................	6,000				
3.º TROIS MILLE FRANCS sur C, écurie et remise................	3,000	»	40	1	20
4.º TROIS MILLE FRANCS sur D, hangar.........................	3,000	13	»	39	»
5.º HUIT MILLE FRANCS sur les bâtiments E, E', E'', renfermant la machine à vapeur, les générateurs et la cheminée de la machine..........	8,000				
6.º VINGT MILLE FRANCS sur E, G , ateliers de filature de lin, savoir : préparations, peignerie, magasin de lin, fils et étoupes, mais sans cardage....	20,000	13	»	364	»
7.º CINQ CENTS FRANCS sur le mobilier personnel de M. F..... (Jacques), dans les bâtiments A, A.........	500				
8.º DOUZE MILLE FRANCS sur marchandises, consistant en lins bruts, fils et étoupes dans le magasin B................................	12,000	2	50	51	25
9.º SEPT CENTS FRANCS sur voiture , cheval, harnais et fourrage dans le bâtiment C...	700	»	80	»	55
A REPORTER...............	71,200	»	»	515	»

	Sommes assurées sur chaque article.	Taux de la prime pour 1,000 fr.	Montant des articles de prime.

	Sommes assurées sur chaque article.	Taux de la prime pour 1,000 fr.		Montant des articles de prime.	
Report..............	71,200	»	»	515	»
10.º TRENTE MILLE FRANCS sur les fourneaux, générateurs, machine à vapeur et transmission de mouvement dans E, F, G....................	30,000				
11.º CINQUANTE MILLE FRANCS sur une étaleuse, deux étirages, un banc à broches et quatre métiers à filer.............................	50,000				
12.º QUATRE MILLE FRANCS sur pots, bobines, courroies et autres accessoires de la filature..	4,000	13	»	1,118	»
13.º DEUX MILLE FRANCS sur peignes et ustensiles de la peignerie.......	2,000				
14.º QUATRE MILLE FRANCS sur marchandises, consistant en lins bruts, travaillés et en œuvre dans la peignerie, magasins, ateliers de préparation et de filature...	4,000	13	»	52	»
15.º MILLE FRANCS sur charbons dans F.....................	1,000	13	»	13	»
16.º Moyennant le quart de la prime appliquée aux art. 1, 2, 3, 4, 5, 6, 7, 10, 11, 12 et 13 ci-dessus, la Compagnie garantit M. F.... (Jacques) contre le risque du recours qu'en cas de sinistre MM. J..... et P.... pourraient exercer contre lui, aux termes des articles 1733 et 1734 du code civil, ci...	»	»	»	395	55
De cette somme de.................	162,200	»	»	2,093	55
La Compagnie d'assurances générales couvre le quart, soit.. 40,550 »	81,100	»	»	1,037	25
La Providence id. id. soit.. 40,550 »					
Reste pour Le Nord..................................	81,100	»	»	1,037	25
L'assuré déclare que les bâtiments assurés ou renfermant les objets assurés ne sont contigus à aucun des risques mentionnés à l'article 4 ; qu'il n'est exercé dans lesdits bâtiments aucune profession augmentant le risque, et qu'il n'y existe aucune marchandise plus hasardeuse que celles mentionnées à la présente police.					
L'assurance est faite pour neuf années,	81,100				
à partir du deux novembre mil huit cent quarante-huit, à midi, moyennant la prime annuelle détaillée ci-dessus, s'élevant à MILLE TRENTE-SEPT FRANCS VINGT-CINQ CENTIMES..................................	»	»		1,037	25
Elle est résiliable chaque année réciproquement, moyennant avertissement trois mois d'avance.					

Les conditions imprimées et manuscrites de la présente police sont ainsi convenues et arrêtées entre les parties, pour être exécutées de bonne foi.

Fait double à C......, le premier novembre mil huit cent quarante-huit.

Signature de l'Assuré :

POUR LA COMPAGNIE :

L'Agent principal,

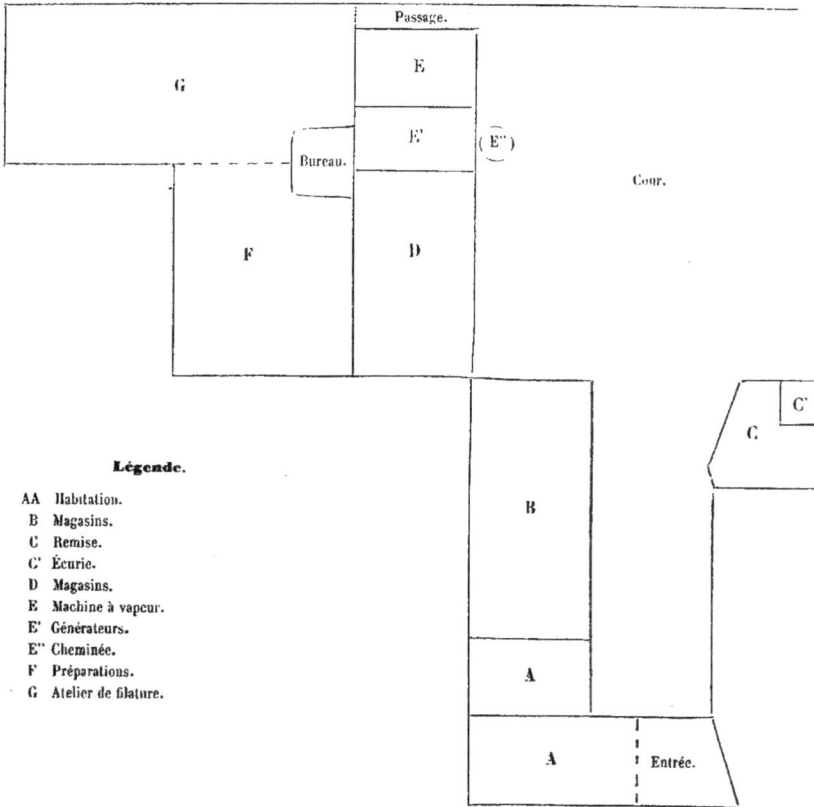

Passage.

E

E'

(E")

Bureau.

G

Cour.

F

D

B

C'

C

A

A

Entrée.

Légende.

AA Habitation.
B Magasins.
C Remise.
C' Écurie.
D Magasins.
E Machine à vapeur.
E' Générateurs.
E" Cheminée.
F Préparations.
G Atelier de filature.

Modèle N.° 14.

POLICE.

CONDITIONS PARTICULIÈRES.

La Compagnie assure aux conditions générales qui précèdent et aux conditions particulières qui suivent :

A MM. T. . . ., D. . . . et C.ᵉ, négociants, demeurant à Courrières, canton de Carvin (Pas-de-Calais), agissant comme propriétaires, la somme de CENT CINQUANTE MILLE FRANCS, formant les 3/7 de celle de TROIS CENT CINQUANTE MILLE FRANCS, sur les bâtiments tout en dur à usage d'habitation, de fabrique et de raffinerie de sucre, mobilier personnel, mobilier industriel et marchandises dudit établissement, situé à C. . . . . . ., canton de Carvin, arrondissement de Béthune ; (chauffage et cuite à la vapeur.)

La somme assurée est répartie comme suit , savoir :

QUATRE-VINGT-DEUX MILLE CENT FRANCS sur tous les bâtiments cotés A, B, C, D, E, F, G, H, I, J, K, L, M, P, au plan ci-joint, dont :

	Sommes assurées sur chaque article.	Taux de la prime pour 1,000 fr.		Montant des articles de prime.	
1.° TRENTE MILLE FRANCS sur le bâtiment A, à usage de purgerie, d'empli, de lochage de sucre , de raffinerie avec étuves et magasins ; il a rez-de-chaussée, étage et grenier.	30,000	5	»	150	»
2.° VINGT MILLE FRANCS sur le bâtiment B, renfermant l'usine et son matériel ; il est élevé d'un rez-de-chaussée en partie sur caves voûtées , avec plancher au-dessus des chaudières de défécation , de cuite, d'évaporation des filtres ; le tout surmonté d'un toit.	20,000	5	»	100	»
3.° DEUX MILLE FRANCS sur le bâtiment C, renfermant la machine à vapeur, y compris C′ adossé à la cheminée, renfermant le générateur.	2,000	5	»	10	»
4.° DEUX MILLE FRANCS sur le bâtiment D, renfermant les cinq générateurs d'alimentation de tous les appareils de la fabrique et tout le chauffage à vapeur de la raffinerie (de la force de 250 chevaux) ; il a rez-de-chaussée surmonté d'un toit.	2,000	5	»	10	»
5.° CENT FRANCS sur le bâtiment E, à usage de buanderie et laverie ; il a rez-de-chaussée surmonté d'une plateforme.	100	5	»	»	50
6.° TROIS MILLE FRANCS sur la cheminée F.	3,000	2	50	7	50
7.° CINQ MILLE FRANCS sur les magasins aux betteraves cotés I.	5,000	5	»	25	»
À REPORTER.	62,100	»	»	302	»

	Sommes assurées sur chaque article.	Taux de la prime pour 1 000 fr.	Montant des articles de prime.

REPORT . . . . — 62,100 | » | » | 302 | »

8.° NEUF MILLE FRANCS sur tous les bâtiments de l'usine au gaz, fabrique et magasin au noir, renfermant douze fours et appareils à faire le gaz dans C, H, L, P. . . . . — 9,000 | 4 | » | 36 | »

9.° HUIT MILLE FRANCS sur les bâtiments M, habitation de maîtres et du concierge, remise et écurie, partie ayant cave, rez-de-chaussée, étage et grenier, et partie ayant rez-de-chaussée et grenier seulement. . . . . — 8,000 | » | 60 | 4 | 80

10.° TROIS MILLE FRANCS sur J, K, magasins et écurie, partie ayant rez-de-chaussée et grenier, et partie rez-de-chaussée surmonté d'un toit. . . . . — 3,000 | » | 60 | 4 | 80

CENT DIX-SEPT MILLE NEUF CENTS FRANCS sur mobilier personnel et industriel dans A, B, C, D, E, I, K, L, M, P, H :

11.° HUIT MILLE FRANCS sur les transmissions de force des deux jeux de râpe, tous les accessoires qui s'y rattachent, motrices en train des pompes. — 8,000 | 5 | » | 40 | »

12.° TROIS MILLE FRANCS sur douze pompes motrices des 14 presses hydrauliques . . . . — 3,000 | 5 | » | 15 | »

13.° SEPT MILLE FRANCS sur six chaudières de défécation à double fond en cuivre rouge. . . . . · . . . . — 7,000 | 5 | » | 35 | »

14.° SEPT MILLE FRANCS sur six chaudières de cuite et d'évaporation aussi en cuivre mais à serpentin. . . . . — 7,000 | 5 | » | 35 | »

15.° MILLE FRANCS sur quatre réservoirs en cuivre. . . . . — 1,000 | 5 | » | 5 | »

16.° HUIT CENTS FRANCS sur une chaudière à double fond à clarifier. . . . . — 800 | 5 | » | 4 | »

17.° QUINZE CENTS FRANCS sur cinq chaudières à rafraîchir dans l'empli. — 1,500 | 5 | » | 7 | 50

18.° CINQ MILLE FRANCS sur chantiers garnis de cuivre et de zinc, avec leurs accessoires supportant les cristallisoirs, formes et caisses dans les étuves, les purgeries et l'empli. . . . . — 5,000 | 5 | » | 25 | »

19.° DEUX MILLE FRANCS sur les appareils en cuivre (tuyaux de vapeur) pour chauffage dans les étuves. . . . . — 2,000 | 5 | » | 10 | »

20.° VINGT MILLE FRANCS sur cristallisoirs, formes et caisses à usage de la raffinerie et de la sucrerie. . . . . — 20,000 | 5 | » | 100 | »

21.° MILLE FRANCS sur deux presses aux écumes . . . . — 1,000 | 5 | » | 5 | »

22.° DIX MILLE FRANCS sur la machine à vapeur de quatre chevaux, appareils en cuivre à cuire dans le vide, sur son condensateur et ses accessoires. — 10.000 | 5 | » | 50 | »

23.° TRENTE MILLE FRANCS sur tous les accessoires, tels que tuyaux, ceux de chauffage à la vapeur compris, en plomb, fonte et cuivre, pour l'eau,

À REPORTER . . . . — 148,400 | » | » | 676 | 10

	Sommes assurées sur chaque article.	Taux de la prime pour 1,000 fr.		Montant des articles de prime.	
Report............	148,400	»	»	676	10
la vapeur, le gaz et le sirop, enfin sur toutes espèces de tuyaux et conduits à partir du monte-jus des six générateurs d'alimentation communiquant à tous les appareils, tant de la raffinerie que de la sucrerie, sur tous les robinets, sur sacs aux pulpes, seaux, bidons en bois, métal cuivre et fer, tables pivotantes et fixes, garnies de cuivre et autres; sur outils, pièces de rechange, ustensiles de fabrique au repos ; sur chantiers supportant les chaudières de défécation, et tous autres, sur cheminée en cuivre (conduits de vapeur à l'extérieur), de toutes les chaudières de fabrication dans la sucrerie qui dépassent les toitures, enfin sur tous les objets inhérents tant à la raffinerie qu'à la sucrerie, et qui ne sont pas mentionnés dans la présente.	30,000	5	»	150	»
24.° DEUX MILLE FRANCS sur noir dans les filtres de la sucrerie........	2,000	5	»	10	»
25.° DIX MILLE SIX CENTS FRANCS sur noir animal sans être revivifié, en cours de fabrication et fabriqué à l'air dans C, L, P, H...............	10,600	4	»	42	40
26.° NEUF MILLE FRANCS sur mobilier personnel de la Société, dont : Sur meubles meublants et ustensiles de ménage...... 3,000 » » effets, linge, bijoux, argenterie .... 1,500 » » voitures, harnais et chevaux............... 3,000 » » tombereaux et chariots.................... 1,500 »	9,000	1	»	9	»
27.° CENT CINQUANTE MILLE FRANCS sur marchandises, tant dans la sucrerie que dans la raffinerie, brutes, en œuvre, fabriquées, en raffinage et raffinées, jus, sirops et résidus, ainsi que sur les betteraves en magasins, le tout dans les bâtiments A, B, E, I.................................	150,000	5	»	750	»
TOTAUX	350,000	»	»	1,638	50
De laquelle somme de 350,000 fr. : L'Union couvre 2/7, soit..................... F. 100,000 La Nationale 1/7, soit......................... 50,000 L'Urbaine 1/7, soit.......................... 50,000					
Reste pour Le Nord.........................	150,000	»	»	702	20
Les assurés déclarent : 1.° Que tous les bâtiments mentionnés dans la présente Police sont construits et couverts en dur ; que les purgeries et les lits de pains, tant dans la sucrerie que dans la raffinerie, les emplis de la sucrerie, sont carrelés au rez-de-chaussée, planchéiés et plafonnés à l'étage; 2.° Que la cheminée F est contiguë au bâtiment D, mais qu'elle n'y communique aucunement ;					
À REPORTER...	150,000	»	»	702	20

19

	Sommes assurées sur chaque article.	Taux de la prime pour 1,000 fr.		Montant des articles de prime.	
REPORT..............	150,000	»	»	702	20

3.° Que tout l'établissement, tant de la sucrerie que de la raffinerie, et notamment les étuves (dont les étagères sont des madriers en bois) fonctionnant par la vapeur ;

4.° Que tout l'établissement de sucrerie et de raffinerie et dépendances est éclairé au gaz ;

5.° Que les 14 presses hydrauliques dans B, les générateurs d'alimentation dans D, la machine à vapeur et son générateur dans C, les filtres dans B, les appareils à faire le gaz dans H, le gazomètre N, les pots et tous les appareils en maçonnerie servant à la fabrication du noir dans C, L, P, ne sont pas compris dans l'assurance.

La présente Police annule et remplace celle N.° 5977 des 29 septembre et 1.er octobre 1845.

En conséquence du montant de la prime annuelle de.....F. 702 20 il y a lieu de déduire pour prorata de 285 jours de prime déjà payée de l'ancienne assurance........................ 464 80

Les assurés ne devront payer pour la prime de première année, que.. 237 40

Les assurés déclarent que les bâtiments assurés ou renfermant les objets assurés ne sont contigus à aucun des risques mentionnés à l'article 4 ; qu'il n'est exercé dans lesdits bâtiments aucune profession augmentant le risque, et qu'il n'y existe aucune marchandise plus hasardeuse que celles mentionnées à la présente Police.

L'assurance est faite pour dix années, à partir du dix-neuf décembre mil huit cent quarante-huit, à midi, moyennant la prime annuelle détaillée ci-dessus, s'élevant à SEPT CENT DEUX FRANCS VINGT CENTIMES...

	Sommes assurées	Taux		Montant	
	150,000				
	»	»	»	702	20

Cette Police est résiliable par année, réciproquement, en prévenant par écrit un mois d'avance.

Les conditions imprimées et manuscrites de la présente Police sont ainsi convenues et arrêtées entre les parties, pour être exécutées de bonne foi.

Fait double à Lille, le vingt décembre mil huit cent quarante-huit.

Signature de l'Assuré,

POUR LA COMPAGNIE :

Le Directeur,

Tracé des établissements de MM. T....., D..... et C.ie, situés à Courrières, se composant de leur sucrerie, raffinerie et dépendances, habitations, écuries, magasins et dépendances.

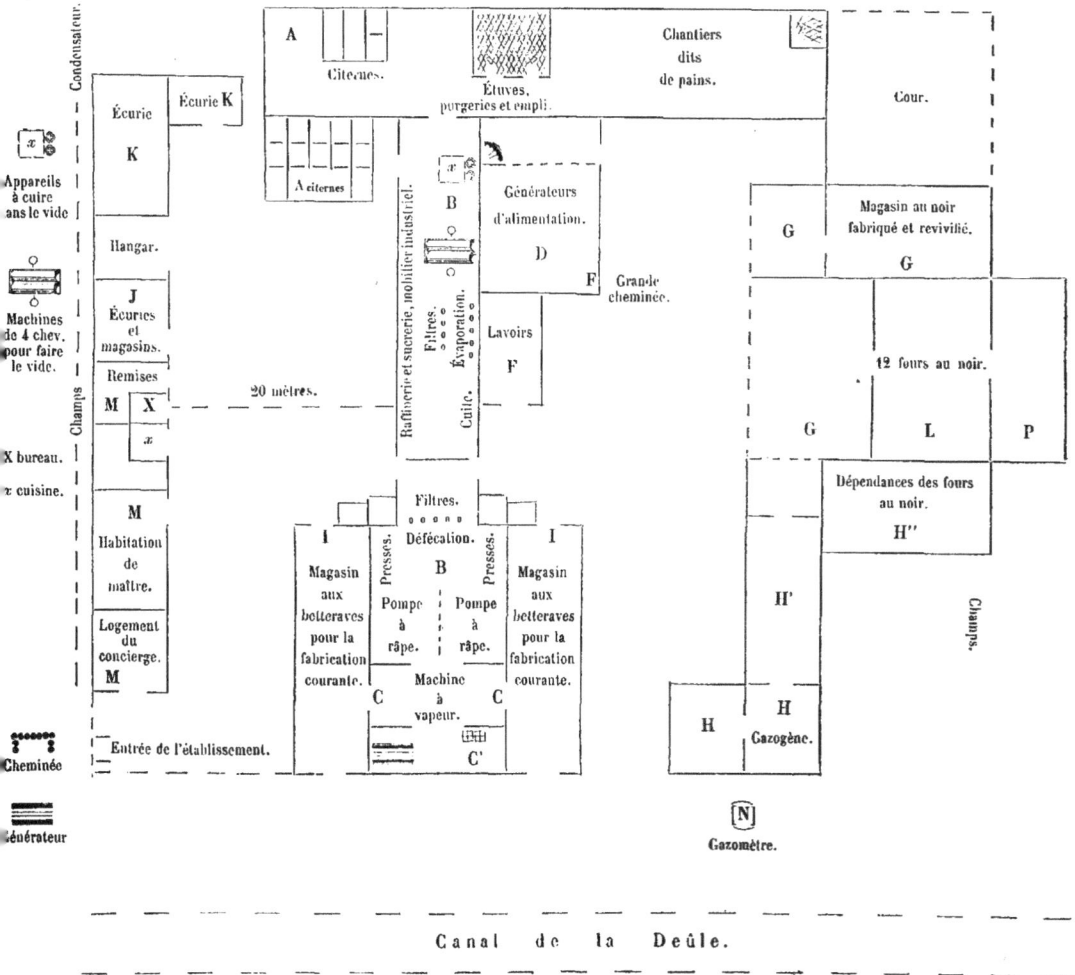

Condensateur.

A

Citernes.

Écurie K

Écurie
K

Étuves,
purgeries et empli.

Chantiers
dits
de pains.

Cour.

Appareils
à cuire
dans le vide

x

Hangar.

A citernes

B

x

Générateurs
d'alimentation.

D

F

Grande
cheminée.

Magasin au noir
fabriqué et revivifié.

G

G

Machines
de 4 chev.
pour faire
le vide.

J
Écuries
et
magasins.

Raffinerie et sucrerie, mobilier industriel.

Filtres.
Évaporation.

Lavoirs

F

12 fours au noir.

Remises

M X

20 mètres.

Cuite.

X bureau.

x cuisine.

x

M

Filtres.
Défécation.
B

Presses.

Presses.

I

I

Magasin
aux
betteraves
pour la
fabrication
courante.

Pompe
à
râpe.

Pompe
à
râpe.

Magasin
aux
betteraves
pour la
fabrication
courante.

G

L

P

Dépendances des fours
au noir.
H''

H'

Champs.

Habitation
de
maître.

Logement
du
concierge.
M

C

Machine
à
vapeur.

C

C'

H

H

H
Gazogène.

Cheminée

Entrée de l'établissement.

Générateur

N
Gazomètre.

Canal de la Deûle.

Le Directeur,

Modèle N.º 15.

POLICE.

CONDITIONS PARTICULIÈRES.

La Compagnie assure aux conditions générales qui précèdent et aux conditions particulières qui suivent :

A M. G...... (Charles-Léon), propriétaire,

demeurant à Avesnes (Nord),

agissant comme propriétaire,

la somme de CINQUANTE MILLE FRANCS sur deux cents hectares de bois de haute futaie et bois taillis, situés dans l'arrondissement d'Avesnes, canton et commune de Berlaimont, aménagés en dix-huit coupes égales, ensouchement compris, SAVOIR :

	Sommes assurées sur chaque article.	Taux de la prime pour 1,000 fr.		Montant des articles de prime.	
1.º TRENTE MILLE FRANCS sur bois de haute futaie, âgés de 25 ans au moins..	30,000	»	30	9	»
2.º VINGT MILLE FRANCS sur bois taillis âgés de moins de 25 ans......	20,000	»	50	10	»

L'assuré déclare que le bâtiment assuré ou renfermant les objets assurés n'est contigu à aucun des risques mentionnés à l'article 4, qu'il n'est exercé dans ledit bâtiment aucune profession augmentant les risques, et qu'il n'y existe aucune marchandise plus hasardeuse que celles mentionnées à la présente Police.

	Sommes assurées sur chaque article.	Taux de la prime pour 1,000 fr.		Montant des articles de prime.	
L'assurance est faite pour une année...........................	50,000				
à partir du vingt-six septembre mil huit cent quarante-huit à midi, moyennant la prime annuelle détaillée ci-dessus, s'élevant à dix-neuf francs........	»	»	»	19	»

Les conditions imprimées et manuscrites de la présente Police sont ainsi convenues et arrêtées entre les parties, pour être exécutées de bonne foi.

Fait double à Lille, le vingt-cinq septembre mil huit cent quarante-huit.

Signature de l'Assuré,   POUR LA COMPAGNIE :

NOTE. Les bois se divisent en trois catégories différentes :

Bois taillis }

Bois de haute futaie } non résineux.

Bois d'essence résineuse.

Les bois non résineux sont de très-bons risques ; ceux de haute futaie sont les préférables, aussi nous vous engageons à les rechercher, et à faire remarquer aux propriétaires la modicité des primes pour ces sortes de risques.

La Compagnie a résolu de ne pas accepter l'assurance des bois résineux ; les chances d'incendie étant fréquentes et pouvant être par trop désastreuses.

L'assurance pourra être admise pour un bois contenant, dans des proportions déterminées, des essences résineuses et non résineuses, pourvu qu'il y ait mélange et confusion complète des deux espèces, parce que en cas d'incendie , les chances sont moins désastreuses et la propagation du feu moins à craindre ; mais pour ces sortes d'assurances, la compagnie doit toujours être consultée, soit pour la souscription elle-même,soit pour l'application des primes.

Dans beaucoup de provinces, les bois et forêts appartenaient autrefois à l'État ou à d'anciennes familles qui fermaient les yeux sur les déprédations commises fréquemment par des gens peu aisés de la localité , qui faisaient leurs petits approvisionnements aux dépens des propriétaires ; depuis , les propriétés ont , en grande partie , changé de maîtres , et les nouveaux propriétaires se sont montrés sévères et actifs pour la répression de cet état de choses, nuisible à leurs intérêts; il en est résulté un esprit d'hostilité et de vengeance qui se manifeste souvent par des incendies.

Ce danger, contre lequel nous n'avons aucune garantie, doit vous engager, Messieurs, à refuser toute assurance qui vous serait présentée dans ces conditions.

Il est encore un autre danger qui , s'il existe , doit être signalé par l'agent à la Compagnie ; dans plusieurs localités , le cultivateur est dans l'usage, après la récolte, de mettre le feu aux pailles ou aux herbes sur pied; ce qui occasionne parfois des incendies désastreux dans les forêts voisines.

Dans la plupart des bois sont établies des charbonnières. Si elles sont organisées avec précaution et disposées sur une place spacieuse , elles n'aggravent pas le risque ; mais si elles sont mal disposées, exploitées clandestinement, soit par le propriétaire , soit surtout par des gens qui n'y ont aucun droit , alors le danger est très-grave et l'assurance doit être prudemment repoussée.

Dans toute forêt il y a deux valeurs qui peuvent faire l'objet de l'assurance.

1.° La valeur du bois superficiel , c'est-à-dire qui est hors de terre.

2.° La valeur de la souche qui est en terre.

Beaucoup de propriétaires pensent que cette souche est indestructible et ne veulent pas la faire garantir. D'autres, mieux renseignés, savent par expérience le contraire et font assurer l'ensouchement comme le bois qui est hors de terre. Il est nécessaire que la police porte d'une manière bien positive : si *l'ensouchement est ou non compris dans l'assurance* (la prime est la même).

Pour fixer la valeur assurable d'un bois , il faut examiner si l'on entend faire garantir la superficie et l'ensouchement tout à la fois. En cas d'affirmative, deux choses sont à distinguer : 1.° la valeur de l'ensouchement (un employé des eaux ou forêts ou toute autre personne versée dans la partie, pourra toujours vous faire connaître la valeur de l'ensouchement d'un bois , par hectare et selon l'essence de ce bois).

2.° La valeur de la superficie. Ici il y a encore une distinction à faire entre les bois aménagés en coupe réglée et ceux qui ne le sont pas.

Dans les bois aménagés en coupe réglée , la valeur assurable est à peu près égale à la moitié des revenus de toutes les coupes. Ainsi , pour assurer un bois aménagé à vingt ans , il faut additionner le produit de vingt coupes et prendre la moitié.

Quand les bois ne sont pas aménagés , on ne peut que les faire estimer par un forestier; et si , dans l'intervalle de l'assurance , de grandes coupes ont lieu, il faut demander à l'assuré une diminution dans l'assurance proportionnée à la coupe qui a eu lieu.

Les polices d'assurances doivent énoncer l'étendue des bois en hectares, leur âge moyen , leur essence prédominante et leur aménagement.

Si les bois peuvent être divisés par lots, par pièces , faciles à désigner et à reconnaître , il sera bien de répartir la somme à assurer selon la même division.

Modèle N.º 16.

POLICE.

CONDITIONS PARTICULIÈRES.

	Sommes assurées sur chaque article.	Taux de la prime pour 1,000 fr.	Montant des articles de prime.

La Compagnie assure aux conditions générales qui précèdent et aux conditions particulières qui suivent :

A M. Bigo (Louis-Dominique), membre de la Légion-d'Honneur, maire de Lille ,

demeurant a Lille ,

agissant en qualité de maire de Lille,

la somme de QUARANTE MILLE FRANCS , 40/560.ᵉ de celle de CINQ CENT SOIXANTE MILLE FRANCS, sur les bâtiments tout en dur et valeurs mobilières du théâtre de Lille , savoir :

1.º CINQ CENT MILLE FRANCS sur la généralité des constructions, y compris les calorifères et les tuyaux servant à l'éclairage par le gaz, ci.......... | 500,000 | » 12 | 6,000 » |

2.º SOIXANTE MILLE FRANCS sur les décorations , portants et chariots , meubles meublants , tentures et glaces des foyers publics , ainsi que des foyers et loges des acteurs, partitions et ouvrages composant la bibliothèque, tambours , machines, treuils, cordages , et tout le matériel de l'éclairage. | 60,000 | » 12 | 720 » |

Sur cette valeur , la Compagnie d'Assurances générales | 560,000 | » » | 6,720 » |

assure.. 100,000 »

La Compagnie Royale.............................. 100,000 »

Le Phénix. .... 100,000 »

L'Union. .... 100,000 » | 520,000 | » » | 6,240 » |

La France...................................... 30,000 »

L'Urbaine...................................... 30,000 »

L'Indemnité .... 30,000 »

Reste pour la compagnie Le Nord... ....· | 40,000 | » » | 480 » |

Il est expressément convenu que, chaque année, les représentations théâtrales, y compris les bals, concerts et autres réunions publiques, ne pourront dépasser le nombre de cent quatre-vingts.

Il est expressément convenu, en outre, que la Compagnie jouira d'un droit de franchise d'avarie d'un pour cent du capital assuré.

En conséquence, si le dommage résultant de l'incendie n'excède pas un pour cent, l'assuré n'aura droit à aucune indemnité , et si le dommage dépasse ce chiffre , il n'aura droit à indemnité que pour l'excédant.

A REPORTER................ | 40,000 | » » | 480 » |

	Sommes assurées sur chaque article.	Taux de la prime pour 1,000 fr.		Montant des articles de prime.	
REPORT.................	40,000	»	»	480	»

L'assuré s'oblige, sous peine de n'avoir droit, en cas de sinistre, à aucune indemnité, 1.° à faire tenir toujours remplis d'eau les réservoirs qui existent dans ledit théâtre, et à conserver en bon état les pompes qui s'y trouvent ; 2.° à faire veiller à la sûreté de la salle un gardien ou portier qui sera tenu de faire une ronde chaque soir, et immédiatement après chaque représentation ; 3.° à ne permettre aucune représentation ou répétition générale, aucuns bals ou concerts ou autres réunions publiques, sans la présence d'un poste de pompiers.

Le directeur ou un inspecteur de la compagnie pourront, en tout temps, s'assurer que toutes les précautions sont prises pour prévenir les dangers du feu ; en conséquence, ils auront leur entrée personnelle dans la salle et sur le théâtre, avant, pendant et après la représentation, toutes les fois qu'ils le demanderont, et sur l'exhibition d'un laissez-passer délivré à cet effet par le maire, pour toute la durée de l'assurance.

L'assuré déclare que les bâtiments assurés ou renfermant les objets assurés ne sont contigus à aucun des risques mentionnés à l'article 4, qu'il n'est exercé dans lesdits bâtiments aucune profession augmentant le risque, et qu'il n'y existe aucune marchandise plus hasardeuse que celles mentionnées à la présente police.

L'assurance est faite pour dix années, à partir du sept mai mil huit cent quarante-quatre, à midi, moyennant la prime annuelle détaillée ci-dessus, s'élevant à quatre cent quatre-vingts francs..

| | 40,000 | | | | |
| | » | » | » | 480 | » |

Les conditions imprimées et manuscrites de la présente Police sont ainsi convenues et arrêtées entre les parties, pour être exécutées de bonne foi.

Fait à Lille, le six mai mil huit cent quarante-quatre.

Signature de l'Assuré :

Pour la Compagnie :
Le Directeur,

Modèle N.º 17.

POLICE.

CONDITIONS PARTICULIÈRES.

La Compagnie assure aux conditions générales qui précèdent et aux conditions particulières qui suivent :

À Monsieur H.... (François-Gustave), cafetier, demeurant à Lille, rue...., N.º.., (Nord), agissant comme locataire de l'immeuble et propriétaire des valeurs mobilières, la somme de SOIXANTE-QUINZE MILLE FRANCS contre le risque de l'explosion par l'éclairage au gaz sur la maison tout en dur qu'il occupe (à usage de café), devanture de boutique, glaces, mobilier et marchandises de sa profession, savoir :

	Sommes assurées sur chaque article.	Taux de la prime pour 1,000 fr.		Montant des articles de prime.	
1.º QUARANTE MILLE FRANCS sur la maison, laquelle est construite et couverte en dur et appartenant à M. V...., devanture de boutique et glaces non comprises..........................	40,000	»	05	2	»
2.º QUINZE MILLE FRANCS sur devanture de boutique, et glaces tant mobiles qu'à demeure...	15,000	»	30	4	50
3.º CINQ MILLE FRANCS sur mobilier personnel........	5,000	»	30	1	50
4.º QUINZE MILLE FRANCS sur mobilier et marchandises de sa profession, consistant en tables, billards, divans, fauteuils, chaises, tabourets, cristaux, porcelaines, vins et liqueurs.............................	15,000	»	30	4	50
Toutes ces valeurs sont assurées contre l'incendie par police N.º 23405 de ce jour.					
L'assuré déclare que le bâtiment assuré ou renfermant les objets assurés n'est contigu à aucun des risques mentionnés à l'article 4, qu'il n'est exercé dans ledit bâtiment aucune profession augmentant le risque, et qu'il n'y existe aucune marchandise plus hasardeuse que celles mentionnées à la présente police.					
L'assurance est faite pour dix années,	75,000				
à partir du deux août mil huit cent quarante-huit, à midi, moyennant la prime annuelle détaillée ci-dessus, s'élevant à DOUZE FRANCS CINQUANTE CENTIMES.	»	»	»	12	50

Les conditions imprimées et manuscrites de la présente Police sont ainsi convenues et arrêtées entre les parties, pour être exécutées de bonne foi.

Fait double à Lille, le premier août mil huit cent quarante-huit.

Signature de l'Assuré,

POUR LA COMPAGNIE.

Le Directeur,

20

Modèle N.º 18.

POLICE.

CONDITIONS PARTICULIÈRES.

La Compagnie assure aux conditions générales qui précédent et aux conditions particulières qui suivent :

A M. J.... (Louis-Augustin), rentier,
demeurant à Douai, rue.............., N.º... (Nord),
agissant comme créancier hypothécaire,
la somme de VINT-HUIT MILLE FRANCS sur une maison construite et couverte
en dur, située à Douai, rue......, N.º.., appartenant à M. L... (Félix-
André), son débiteur, aux termes d'un acte passé devant M.e M... et son
collègue, notaires à Douai, le 2 janvier présente année..............

Cette assurance a pour objet de garantir M. J...., du montant de sa
créance jusqu'à concurrence de ladite somme, dans le cas où, par suite d'un
incendie, ladite maison ne lui présenterait plus un gage suffisant.

Il est expressément convenu que cette garantie n'aura son effet qu'autant
que l'inscription de l'assuré arrivera en ordre utile, ou pour la portion qui
arrivera également en ordre utile, et eu égard aux frais d'expropriation.

M. J.... sera tenu, en recevant le paiement des dommages, de subroger
la Compagnie jusqu'à concurrence de la somme qu'il lui aura payée dans son
action personnelle contre son débiteur, ainsi que dans les droits hypothécaires
résultant de la créance.

L'assuré déclare que le bâtiment assuré ou renfermant les objets assurés
n'est contigu à aucun des risques mentionnés à l'article 4,
qu'il n'est exercé dans ledit bâtiment aucune profession augmentant le risque,
et qu'il n'y existe aucune marchandise plus hasardeuse que celles mentionnées à la présente Police.

L'assurance est faite pour une année,
à partir du quinze mai mil huit cent quarante-huit, à midi, moyennant la
prime annuelle détaillée ci-dessus, s'élevant à HUIT FRANCS QUARANTE CEN-
TIMES ....

Sommes assurées sur chaque article.	Taux de la prime pour 1,000 fr.		Montant des articles de prime.	
28,000	»	30	8	40
28,000				
»	»	»	8	40

Les conditions imprimées et manuscrites de la présente Police sont ainsi convenues et arrêtées entre les
parties, pour être exécutées de bonne foi.

Fait double à Douai, le quatorze mai mil huit cent quarante-huit.

Signature de l'Assuré,

POUR LA COMPAGNIE :

L'Agent principal,

Modèle N.º 19.

POLICE.

CONDITIONS PARTICULIÈRES.

	Sommes assurées sur chaque article.	Taux de la prime pour 1,000 fr.	Montant des articles de prime.	

La Compagnie assure aux conditions générales qui précèdent et aux conditions particulières qui suivent :

A M. N...... (Adolphe), et O.... (Florimond), le premier négociant, et le deuxième rentier,

demeurant l'un à Tourcoing, Grande-Place, et l'autre à Lille, rue Nationale, N.º..., agissant le premier comme nu propriétaire et le second comme usufruitier,

la somme de SOIXANTE MILLE FRANCS sur trois maisons ci-après désignées, construites et couvertes en dur dont le premier a la nue propriété et le second l'usufruit sa vie durante, aux termes d'un testament de feu dame P..... (Rosalie-Angélique), mère dudit sieur N...... et femme dudit sieur O....., savoir :

1.º TRENTE MILLE FRANCS sur une maison sise audit Tourcoing, rue de Lille, consistant en deux corps-de-logis, l'un front-à-rue, et l'autre entre cour et jardin..

	30,000	» 30	9 »

2.º DIX-HUIT MILLE FRANCS sur la maison occupée par le sieur N......, Grande-Place, à Tourcoing, à usage d'habitation et magasins d'épiceries...

	18,000	» 40	7 20

3.º DOUZE MILLE FRANCS sur une petite maison située audit Tourcoing, rue de la Cloche, à usage de rentier............................

	12,000	» 30	3 60

Les assurés déclarent que les bâtiments assurés ou renfermant les objets assurés ne sont contigus à aucun des risques mentionnés à l'article 4, qu'il n'est exercé dans lesdits bâtiments aucune profession augmentant le risque, et qu'il n'y existe aucune marchandise plus hasardeuse que celles mentionnées à la présente Police.

L'assurance est faite pour dix années, à partir du neuf octobre mil huit cent quarante-huit, à midi, moyennant la prime annuelle détaillée ci-dessus, s'élevant à DIX-NEUF FRANCS QUATRE-VINGTS CENTIMES...

	60,000		
	»	» »	19 80

Les conditions imprimées et manuscrites de la présente Police sont ainsi convenues et arrêtées entre les parties, pour être exécutées de bonne foi.

Fait double à Lille, le huit octobre mil huit cent quarante-huit.

Signature de l'Assuré,

POUR LA COMPAGNIE :

Le Directeur,

Modèle N.º 20.

POLICE.

CONDITIONS PARTICULIÈRES.

La Compagnie assure aux conditions générales qui précèdent et aux conditions particulières qui suivent :

A Monsieur R.... (Oscar-Achille), tisserand, demeurant à Halluin, canton de Tourcoing, arrondissement de Lille, agissant comme propriétaire, la somme de DOUZE MILLE FRANCS, sur une maison tout en dur, mobilier et marchandises, savoir :

	Sommes assurées sur chaque article.	Taux de la prime pour 1,000 fr.		Montant des articles de prime.	
1.º SEPT MILLE FRANCS sur sa maison tout en dur audit Halluin, faisant face à la Grande-Rue..................................	7,000	»	40	2	80
2.º TROIS MILLE FRANCS sur mobilier personnel dans ladite maison......	3,000	»	80	2	40
3.º DEUX MILLE FRANCS sur trois métiers et sur fils et toiles, aussi dans ladite maison	2,000	»	80	1	60

L'assuré déclare que ces valeurs sont déjà assurées par police N.º 1538 de la compagnie LA RÉPARATRICE, du 6 mai 1845, échéant le 6 mai 1852.

La compagnie LE NORD s'engage à payer à ladite compagnie LA RÉPARATRICE les primes à échoir aux termes de ladite Police, et, de son côté, l'assuré subroge la compagnie LE NORD à tous les droits qu'il pourrait avoir à exercer, aux termes de cette même Police, contre ladite compagnie LA RÉPARATRICE.

L'assuré déclare que le bâtiment assuré ou renfermant les objets assurés n'est contigu à aucun des risques mentionnés à l'article 4, qu'il n'est exercé dans ledit bâtiment aucune profession augmentant le risque, et qu'il n'y existe aucune marchandise plus hasardeuse que celles mentionnées à la présente Police.

L'assurance est faite pour sept années,
à partir du seize octobre mil huit cent quarante-huit, à midi, moyennant la prime annuelle détaillée ci-dessus, s'élevant à SIX FRANCS QUATRE-VINGTS CENTIMES.

L'assurance est faite pour sept années	12,000				
... s'élevant à SIX FRANCS QUATRE-VINGTS CENTIMES.	»	»	»	6	80

Les conditions imprimées et manuscrites de la présente Police sont ainsi convenues et arrêtées entre les parties, pour être exécutées de bonne foi.

Fait double à Lille, le quinze octobre mil huit cent quarante-huit.

Signature de l'Assuré,

POUR LA COMPAGNIE :

Le Directeur,

POLICE.

CONDITIONS PARTICULIÈRES.	Sommes assurées sur chaque article.	Taux de la prime pour 1,000 fr.		Montant des articles de prime.	
La Compagnie assure aux conditions générales qui précèdent et aux conditions particulières qui suivent :					
A M. S . . . . . (Édouard-Jules), tapissier, demeurant à Cambrai , agissant comme propriétaire , la somme de VINGT MILLE FRANCS sur une maison tout en dur qu'il occupe audit Cambrai , rue de l'Arbre-à-Poires.	20,000	»	30	6	»
L'assuré déclare que cette maison est déjà assurée par la compagnie l'Indemnité.					
L'Assuré déclare que le bâtiment assuré ou renfermant les objets assurés n'est contigu à aucun des risques mentionnés à l'article 4 , qu'il n'est exercé dans ledit bâtiment aucune profession augmentant le risque, et qu'il n'y existe aucune marchandise plus hasardeuse que celles mentionnées à la présente Police.					
L'assurance est faite pour cinq années ,	20,000				
à partir du trente novembre mil huit cent quarante-huit, à midi, moyennant la prime annuelle détaillée ci-dessus, s'élevant à SIX FRANCS.	»	»	»	6	»

Les conditions imprimées et manuscrites de la Présente police sont ainsi convenues et arrêtées entre les parties , pour être exécutées de bonne foi.

Fait double à Lille , le vingt-neuf novembre mil huit cent quarante-huit.

Signature de l'Assuré,

POUR LA COMPAGNIE .

L'Agent principal,

Modèle N.º 22.

QUITTANCE DE PRIME DE PREMIÈRE ANNÉE.

LE NORD,
COMPAGNIE D'ASSURANCES
CONTRE L'INCENDIE.
Rue Saint-Pierre, N.º 29.
LILLE.

Monsieur T. . . . . . (Hubert) Doit

Pour { prime de première année.	17	55
police N.º 11468.	2	.
plaque.	1	50
Reçu vingt-un francs cinq centimes. . . . . F.	21	05

Fait à Hazebrouck, le 17 avril 1848.

Agence de M.ᵉ de C. . . . .
Hazebrouck.

Pour la Compagnie :
L'Agent principal,

Modèle N.º 23.

QUITTANCE DE PRIME D'UNE ANNÉE AUTRE QUE LA PREMIÈRE.

LE NORD,
COMPAGNIE D'ASSURANCES
CONTRE L'INCENDIE.
Rue Saint-Pierre, N.º 29.
LILLE.

F. 31 20

Reçu de M.ᵉ V. . . . . (André), de S.ᵗ-Sylvestre-Cappel,
la somme de trente-un francs vingt centimes,
pour prime d'assurance de la troisième année de la police N.º 8124.

Lille, le 11 août 1848.

Pour la Compagnie :
Le Directeur,

Agence de M.ᵉ de C. . . . .
Hazebrouck.

Modèle N.º 24.

AVENANT-POLICE.

	Sommes assurées sur chaque article.	Taux de la prime pour 1,000 fr.	Montant des articles de prime.
CONDITIONS PARTICULIÈRES.			
La Compagnie assure aux conditions générales qui précèdent et aux conditions particulières qui suivent :			
A M. A...... (Julien-Antoine), négociant,			
demeurant à Arras, rue....., N.º... (Pas-de-Calais),			
agissant comme propriétaire ;			
la somme de QUARANTE MILLE FRANCS sur marchandises de son commerce, consistant principalement en toiles et sarraux, en supplément à celles assurées par la police N.º 16/17466 des 14/15 juin 1847...............	40,000 »	75	30 »
La présente police étant faite pour quatre ans et quatre mois, l'assuré paiera au comptant, savoir :			
1.º Le prorata de quatre mois, de ce jour au 15 juin prochain, ci.. 10 »			
2.º La prime annuelle du 15 juin 1848 au 15 juin 1849....... 30 »			
Ensemble pour la première année.......... 40 »			
Et en 1849 et années suivantes, il paiera au 15 juin la prime annuelle de la présente police.			
L'assuré déclare que les bâtiments renfermant les objets assurés ne sont contigus à aucun des risques mentionnés à l'article 4 ;			
qu'il n'est exercé dans lesdits bâtiments aucune profession augmentant le risque, et qu'il n'y existe aucune marchandise plus hasardeuse que celles mentionnées à la présente Police.			
L'assurance est faite pour quatre années quatre mois,	40,000		
à partir du quinze février mil huit cent quarante-huit, à midi, moyennant la prime annuelle détaillée ci-dessus, s'élevant à TRENTE FRANCS...........	» »	»	30 »

Les conditions imprimées et manuscrites de la présente Police sont ainsi convenues et arrêtées entre les parties, pour être exécutées de bonne foi.

Fait double à Arras, le quatorze février mil huit cent quarante-huit.

Signature de l'Assuré.

POUR LA COMPAGNIE :

L'Agent principal.

Modèle N.º 25.

N.º 238,24879.

LE NORD,

COMPAGNIE D'ASSURANCES CONTRE L'INCENDIE,

Rue Saint-Pierre, N.º 29, à Lille.

Avenant à la Police N.º 113/12005.

Par Police N.º 113/12005 des 9/10 janvier 1847, la Compagnie a assuré, pour dix ans, à M.B... (Eloi), cultivateur à Clary, arrondissement de Cambrai (Nord), la somme de fr. 25,000 sur diverses valeurs, dont fr. 8,000 sur la maison qu'il occupe, construite et couverte en dur.

Aujourd'hui M. B.... déclare avoir fait construire une grange, laquelle est adossée à ladite maison et est construite en paillotis et couverte en chaume ; et il demande que cette grange lui soit assurée pour une valeur de deux mille francs.

La Compagnie donnea cte à M. B.... de sa déclaration, et lui assure, conformément à sa demande, une somme de deux mille francs sur la grange nouvellement construite ci-dessus désignée, ci . . . . 2000 — 7 » — 14 »

Et, à raison de la contiguité de la grange à la maison d'habitation, élève de fr. 1 à 1 75 p. %₀₀, la prime de ladite maison, soit pour fr. . . . 8000 — » 75 — 6 »

En conséquence, l'assuré aura à payer une prime annuelle supplémentaire de vingt francs, ci . . . . 20 »

Il ne paiera la première année que le prorata de trois mois seize jours, d'aujourd'hui au 10 janvier 1849, soit. 5 90

Fait double à Lille, le vingt-cinq septembre mil huit cent quarante-huit.

L'Assuré,   Pour la Compagnie,

M. B . . . . (Éloi).

No. 158/1879.

Avenant

A LA POLICE

No. 121/1005.

———

N.º 01642.

LE NORD,

COMPAGNIE D'ASSURANCES CONTRE L'INCENDIE,

Rue Saint-Pierre, N.º 29, à Lille.

Avenant à la Police N.º 8544.

Par Police N.º 8544 des 13/14 mai 1846, la Compagnie a assuré à M. C.... (Martial), négociant à Lille, une somme de fr. 80,000, sur vins et sur eaux-de-vie et autres spiritueux au-dessus de 24 degrés.

Aujourd'hui M. C.... déclare qu'il a cessé de tenir les eaux-de-vie et autres spiritueux et que son commerce se borne aux vins seulement ; que, par suite, le chiffre de ses marchandises n'est plus que de fr. 60,000.

En conséquence, il demande que le chiffre de son assurance soit réduit à fr. 60,000 et que la prime soit réduite au taux des marchandises ordinaires.

La Compagnie donne acte à M. C.... de sa déclaration, et, acquiesçant à sa demande, réduit à fr. 60,000 la valeur assurée par la police N.º 8544 et la prime de fr. 2 p. º/₀₀ à fr. » 75 c. p. º/₀₀.

En conséquence, la prime annuelle à payer par l'assuré ne sera plus que de fr. 45.

Fait double à Lille, le vingt-quatre janvier mil huit cent quarante-huit.

L'Assuré,   POUR LA COMPAGNIE :

                                                    Le Directeur.

22

Modèle N.º 27.

N.º 0,34/01725.

LE NORD,

COMPAGNIE D'ASSURANCES CONTRE L'INCENDIE,

Rue Saint-Pierre, N.º 20, à Lille.

Avenant à la Police N.º 59/5084.

Par Police N.º 59/5084 des 5/6 avril 1845, la Compagnie a assuré à M. D..... (André), négociant à Douai, la somme de fr. 30,000, sur marchandises de son commerce, consistant en lins et fils de lin.

Aujourd'hui, M. D.... déclare avoir quitté les affaires, et demande, en conséquence, la résiliation de la susdite Police.

La Compagnie donne acte à M. D .... de sa déclaration, et, acquiesçant à sa demande, résilie, à partir du 6 avril prochain, la police N.º 59/5084 des 5/6 avril 1845.

Fait double à Douai, le deux mars mil huit cent quarante-huit.

L'Assuré,

POUR LA COMPAGNIE.
L'Agent principal,

Modèle N.° 28.

N.° 0,438/01404.

LE NORD,

COMPAGNIE D'ASSURANCES CONTRE L'INCENDIE,

Rue Saint-Pierre, N.° 29, à Lille.

Avenant à la Police N.° 831/2526.

Par Police N.° 831/2526 des 14/15 mars 1843, la Compagnie a assuré à M. F...... (Amédée), propriétaire à Roubaix, la somme de fr. 20,000 sur une maison sise audit Roubaix, rue du Château.

Aujourd'hui M. F....... (Amédée) est décédé, et M. F....... (Jules), son fils, demande à être mis aux lieu et place de son père, pour l'assurance de la Police N.° 831/2526.

La Compagnie donne acte à M. F........ (Jules) fils, de sa déclaration et de sa demande, et consent à continuer avec lui l'assurance de la maison ci-dessus précitée, aux clauses, conditions et primes de la police N.° 831/2526 des 14/15 mars 1843.

Fait double à Lille, le quatre janvier mil huit cent quarante-huit.

POUR LA COMPAGNIE :

L'Assuré,

Le Directeur,

Modèle N.º 29.

N.º 0,37/01428.

LE NORD,

COMPAGNIE D'ASSURANCES CONTRE L'INCENDIE,

Rue Saint-Pierre, N.º 29, à Lille.

Avenant à la Police n.º 266/17855.

Par Police N.º 266/17855 des 7/8 septembre 1847, la Compagnie a assuré à M. G........ (Félix), de Douai, la somme de fr. 6,000 sur son mobilier personnel dans sa maison d'habitation, rue des Vierges, 12.

Aujourd'hui M. G........ déclare avoir changé de domicile, et il demande que l'assurance de son mobilier lui soit continuée dans sa nouvelle demeure, rue des Ferronniers, 21.

La Compagnie donne acte à M. G........ de sa déclaration, et, acquiesçant à sa demande, lui continue, dans sa nouvelle demeure, rue des Ferronniers, 21, l'assurance de la Police N.º 266/17855 des 7/8 septembre 1847.

Fait double à Douai, le sept janvier mil huit cent quarante-huit.

POUR LA COMPAGNIE :

L'Assuré,   L'Agent principal,

N.° 016/01497.

LE NORD,

COMPAGNIE D'ASSURANCES CONTRE L'INCENDIE,

Rue Saint-Pierre, N.° 29, à Lille.

Avenant à la Police N.° 155/12843.

Par Police N.° 155/12843 des 4/5 février 1847, la Compagnie a assuré à M. H.... (Désiré), propriétaire à Saint-Omer (Pas-de-Calais), la somme de 8,000 fr. sur une maison audit Saint-Omer, rue de Calais, N.°...

Aujourd'hui M. H...... déclare avoir vendu ladite maison à M. J..... (Michel), qui, de son côté, demande à être mis aux lieu et place de l'assuré.

La Compagnie donne acte des déclaration et demande qui précèdent, et continue à M. J..... l'assurance de la maison ci-dessus désignée, aux clauses, conditions et primes de la Police N.° 155/12843 des 4/5 février 1847.

Fait triple à Saint-Omer, le quinze janvier mil huit cent quarante-huit.

LES ASSURÉS   POUR LA COMPAGNIE :

Cédant,   **Cessionnaire,**

Modèle N.° 31.

LE NORD.

Compagnie d'Assurances

Contre l'Incendie.

À Monsieur H..... *(Philippe-Antoine),*
Cultivateur,

Berlaimont.

M

J'ai l'honneur de vous rappeler que l'article 8 des conditions générales de nos polices dispose qu'à défaut de paiement de la prime dans la quinzaine de l'échéance, l'assurance est suspendue, et qu'en cas d'incendie l'assuré n'a droit à aucune indemnité.

Je vous rappelle en même temps que la prime de votre assurance, suivant police N.° 15849, est échue le dix présent mois.

En conséquence, je vous invite à vouloir bien solder, sans aucun retard, le paiement de cette prime, soit 15 fr. 45 c.

J'ai l'honneur de vous saluer,

Modèle N.º 32.

LE NORD.

AVESNES, le 26 septembre 1848.

Compagnie d'Assurances

Contre l'Incendie.

À Monsieur H..... (Philippe-Antoine),
Cultivateur,

Berlaimont.

M

Je vous confirme ma lettre du 17 de ce mois et je vous prévicns que , faute par vous d'avoir effectué dans la huitaine de ce jour le paiement de la prime de votre assurance suivant police N.º 15849, soit 15 fr. 45 c., je devrai vous y contraindre par les voies de droit.

J'ai l'honneur de vous saluer,

Modèle N.º 33.

CITATION

DEVANT LE JUGE DE PAIX.

L'an mil huit cent quarante–huit , le seize décembre,

A la requête de la Compagnie d'assurances contre l'incendie Le Nord, dont le siége est à Lille, rue Saint-Pierre , N.º 29, poursuite et diligence de M. A...... (Charles-Désiré), Agent de ladite Compagnie pour le............ (1), demeurant à........ rue....... N.º.....

J'ai. .... huissier........ soussigné , cité M. L......... (Philippe–Adolphe) , cultivateur, en son domicile, à.......... rue......... N.º.... canton d............. arrondissement d......... département d...........

A comparaître le............ à...... heures de......... par-devant **M.** le juge-de-paix du canton d......... au lieu ordinaire de ses séances, sis à........... rue....... N.º..... (2)

Pour s'entendre condamner à payer à la Compagnie requérante la somme de trente-sept francs vingt-cinq centimes pour prime de son assurance contre l'incendie, suivant convention verbale , ainsi qu'il sera expliqué plus amplement à l'audience;

S'entendre en outre condamner aux frais et dépens de l'instance , sous la réserve expresse de plus amples et ultérieures conclusions.

(1) Le département d. . . . . . l'arrondissement d. . . . . . , le canton d. . . . . . . ou la commune d. . . . . .
(2) Le juge-de-paix est compétent jusqu'à concurrence de 100 francs, sans appel, et 200 francs à charge d'appel.

Modèle N.º 34.

AJOURNEMENT

AU TRIBUNAL CIVIL.

L'an mil huit cent quarante-huit, le vingt-trois décembre ,

A la requête de la Compagnie d'assurances contre l'incendie Le Nord , dont le siége est à Lille , rue Saint-Pierre, N.º 29, poursuite et diligence de M. B...... (Théodore), Agent de ladite Compagnie pour l'.....(1), demeurant à........ rue........ N.º.....

Laquelle constitue pour occuper pour elle en l'instance ci-après, M. C......., avoué près le Tribunal civil séant à..............., y demeurant , rue..........., N.º........, en l'étude duquel elle fait élection de domicile ,

J'ai..........., huissier.........., soussigné, ajourné M. D......... (Maximilien), propriétaire , en son domicile , à........, rue........ . N.º..... en parlant à... ....

A comparaître dans le délai de huitaine franche (2) par-devant MM. les président et juges composant le Tribunal civil séant à............... au Palais-de-Justice.......a........... heures du matin ,

Pour s'entendre condamner à payer à la Compagnie requérante la somme de deux cent quarante-huit francs trente-cinq centimes, que l'ajourné lui doit, et qui devait être payée le........ pour prime de son assurance contre l'incendie, suivant convention verbale, ainsi qu'il sera expliqué plus amplement à l'audience;

S'entendre aussi condamner aux intérêts et aux dépens de l'instance sous la réserve expresse de plus amples et ultérieures conclusions.

Et pour que mondit sieur D........ (Maximilien) n'en ignore , je lui ai , à domicile , parlant comme il a été dit , laissé avec le présent copie du procès-verbal de non-conciliation de M. le juge-de-paix du canton d........... enregistré.... double...... exploit......

(1) Le département d........ l'arrondissement d........ le canton d ...... ou la commune d......

(2) Outre les délais en raison des distances.

24

Modèle N.° 35.

LE NORD.

COMPAGNIE D'ASSURANCES

Contre l'Incendie.

DIRECTION :

Rue Saint-Pierre, 29,

LILLE.

Agence de Dunkerque.

DUNKERQUE, le 1.er février 1848.

Le Directeur,

A Monsieur G.........

Dunkerque,

Monsieur,

J'ai l'honneur de vous prévenir que la police N.° 237/13978 du 24 février 1847, par laquelle nous vous assurons fr. 75,000 sur marchandises, expire le 25 présent mois.

Je vous prie de vouloir bien me dire si je dois la renouveler, ou me faire connaître les modifications qui doivent être y apportées.

Veuillez, Monsieur, agréer mes civilités.

POUR LA COMPAGNIE :

L'Agent principal.

Modèle N.º 36.

LE NORD,
COMPAGNIE D'ASSURANCES CONTRE L'INCENDIE.

BORDEREAU

Des Assurances souscrites pendant le mois de Février 1848, dans l'Agence de V. . . . . .

NUMÉROS de l'agence.	NUMÉROS de la direction centrale.	NOM DE L'ASSURÉ.	VALEUR assurée.	MONTANT de la prime.	PRIX de la police ou de l'avenant.	PRIX de la plaque	TOTAL de la première année.
	(1)						
397	22,107	Dubois-Jénart.	26,000	10 40	2	2 »	14 40
398	22,108	Allard, Pierre-Joseph. .	6,900	5 75	2	2 »	9 75
399	22,109	Allard, Émile.	1,800	1 45	2	» »	3 45
400	21,624	Lamotte, Casimir.. . .	28,500	26 25	2	3 »	31 25
401	22,111	Stiévenart, Célestin. . .	20,000	40 »	1	» »	40 »
402	22,112	Bertrand, François. . .	25,000	29 25	2	» »	31 25
403	22,113	Mayez, Louis.	2,000	6 »	2	1 50	9 50
404	22,114	Cousin, Henri. . . .	9,500	7 75	2	1 50	11 25
405	22,115	Richez, Antoine. . . .	10,000	5 »	2	3 »	10 »
406	22,116	Pol, François.	30,000	15 »	2	3 50	20 50
407	22,117	Guilez, Rosalie.. . . .	1,500	1 50	2	1 50	5 »
408	22,118	Dubois, Henri.. . . .	1,000	1 »	2	1 50	4 50
409	22,119	Dorlodot-Boulan. . . .	30,000	27 50	1	» »	27 50
410	22,120	Hubert, Charles. . . .	2,400	6 »	2	1 50	9 50
411	22,121	Fally-Laurent.	22,000	19 »	2	3 »	24 »
412	22,122	Fally et Défline. . . .	5,000	2 »	2	» »	4 »
413	22,123	Cliche, Jacq.-Jos.-Hipp.	6,000	3 »	2	1 50	6 50
414	22,124	Delgrange, Joseph. . .	4,500	9 65	2	1 50	13 15
415	22,125	Bruyère, François. . .	10,000	4 »	2	» »	6 »
416	22,126	Dieu, François.. . . .	20,000	10 »	2	3 »	15 »
417	22,127	Bataille, Charles. . . .	8,000	4 »	2	2 »	8 »
418	22,128	Richard, Joseph-Jacob.	17,500	10 »	2	» »	12 »
419	22,110	Vilcot, Jean-Baptiste. .	4,000	1 60	2	» »	3 60
		Totaux. . .	291,600	246 10	42	32 »	320 10
0,78	0,885	Lemoine, Timoléon.					
0,79	0,886	V.e Paschal, née Louise Lefort.					

V. . . . . ., le 2 mars 1848.

L'Agent principal,

(1) NOTA. Qua : l le bordereau est expédié par l'agent, cette colonne est en blanc, c'est à la direction centrale qu'elle est remplie.

Modèle N.º 37.

LE NORD.

Compagnie d'Assurances
Contre l'Incendie.

AGENCE DE V. . . . . . .
Rue. . . . . N.º. . .

V. . . . . le 2 mars 1848.

Monsieur le Directeur,

Je suis en possession de votre lettre du 20 février, accusant réception de la mienne du 1 du même mois, la dernière que je vous aie adressée.

J'ai l'honneur de vous prévenir que, par le dernier convoi du chemin de fer d'aujourd'hui, je vous expédie le bordereau mensuel des opérations de mon agence pendant le mois de février dernier : il se compose de vingt-trois polices couvrant en valeurs fr. 291,600,

Et donnant en primes.	F. 246	10
Plus, pour polices.	» 42	»
Et pour plaques.	» 32	»
Ensemble.	F. 320	10

J'y ai annoté, en outre, deux avenants 078 à la police N.º 243/13538, et 079 à la police N.º 329/18742.

Les vingt-trois polices et les deux avenants accompagnent le bordereau.

Agréez, Monsieur le Directeur, etc.

Modèle N.º 38.

LE NORD.

Compagnie d'Assurances
Contre l'Incendie.

_____

Agence du C......
Rue............, N.º....

Le C...... **17 Juillet 1848**.

Monsieur le Directeur,

Je suis en possession de votre lettre du 4 de ce mois, accusant réception de la mienne du **22** juin, la dernière que je vous aie adressée.

On me propose l'assurance d'une belle ferme à I....-B.......; mais avant de conclure, je crois devoir vous consulter sur plusieurs points.

Presque tous les bâtiments sont construits et couverts en dur, et l'habitation, qui est entièrement isolée, repose sur caves voûtées : le propriétaire demande à distraire de l'assurance les fondations et les caves, et à ne payer pour ce bâtiment que la prime d'une habitation ordinaire, s'engageant à n'y faire entrer ni paille, ni récoltes d'aucune nature : Puis-je consentir à cette double exigence ? Je dois vous faire observer que la position sociale et la moralité du proposant offrent toutes garanties, et que cette assurance nous en procurerait beaucoup d'autres : je dois vous dire aussi que les agents des autres compagnies offrent de traiter à ces conditions.

A cette occasion, je ne puis m'empêcher de vous faire observer que j'éprouve de grandes difficultés à réaliser des assurances aux primes du tarif, car on me fait une terrible concurrence au rabais.

Ainsi que je vous l'ai dit dans mes précédentes lettres, j'éprouve aussi de grandes difficultés pour le recouvrement des primes; les affaires ont beaucoup de mal à reprendre, l'argent manque ; plusieurs polices seront à résilier pour insolvabilité des assurés ; d'autres assurés peuvent payer et devront être poursuivis. Je vous donne la liste des uns et des autres, en vous priant de me dire ce que je dois faire.

Au M........., nous couvrons, comme vous le savez, un grand nombre de risques; nous assurons entre autres, dans la même rue, trois séries de risques de chaume, chaque série se composant de trois maisons d'une valeur ensemble d'environ vingt mille francs ; elles sont séparées les unes des autres de plus de trente mètres ; cependant, j'appelle votre attention sur cet état de choses : comme il y a beaucoup de chaumes dans cette agglomération, peut-être serait-il prudent d'en faire réassurer une partie. Sous ce pli, je vous remets les noms des assurés, les numéros des polices et le tracé des risques, pour que vous puissiez mieux juger l'état des lieux.

Agréez, Monsieur le Directeur, etc.

25

LIVRE D'AVENANTS.

Numéro d'ordre. — AGENCE.	Numéro d'ordre. DIRECTION CENTRALE.	DATE DE L'AVENANT.			Numéro de la police ou de l'avenant modifié, réduit ou annulé. — AGENCE.	Numéro de la police ou de l'avenant modifié, réduit ou annulé. — DIRECTION CENTRALE.	NOMS ET PRÉNOMS DE L'ASSURÉ.	OBJET DE L'AVENANT.	Réduction en valeurs.	Réduction en primes.	Prix de l'avenant.
026	01111	1848	Janvier.	17	138	11811	Larimier (Jean-Bapt.).	Réduction de valeurs et de primes...	16,000¹	48ᶠ	1
027	01206	»	Mars.	22	18	6223	Maurel (Alphonse).	Réduction de primes............	»	17	1
028	01243	»	Avril.	2	243	19602	Lopez (Henri)	Résiliation.......	138,000	432	1
029	01259	»	»	7	3	1129	Durieux (Victor).	Décès. — Successeur, M.ᵐᵉ Legrand, née Amélie Durieux...........	»	»	1
030	01382	»	Juillet.	31	97	9044	Santerre (Prosper).	Changement de domicile..........	»	»	1
031	01410	»	Août.	13	104	9866	Beaumont (Hipp.).	Vente à Dutriez (César)..........	»	»	1

Débit.   # LIVRE DE CAISSE.   **Crédit.**

Date.	CAISSE DE MARS 1848.				Date.	CAISSE DE MARS 1848.		
7	Report.......	958	»			Report.......	39	»
9	Police N.º 323/21911 , prime , police et plaque......................	7	15		5			
11	Police N.º 324/21912 , prime , police et plaque......................	4	80		6	Acquit du mandat J. Decroix du 15 février.	250	»
15	Bordereau N.º 132. Quittances 2847 et 2848,	9	75		11	Voyage à D.......; (lettre de l'inspecteur du 4.)	8	»
»	Police N.º 325/21913 , prime , police et plaque......................	9	10			Frais de réglement du sinistre B.....		
»	Police N.º 326/21914 , prime , police et plaque......................	3	90		»	Savoir : à l'expert........... 5 » au garde-champêtre.... 3 » aux pompiers........ 20 »	28	»
16	Police N.º 327/21915 , prime , police et plaque......................	10	85		21	Au sinistré B...., à valoir...........	500	»
19	Bordereau N.º 132. Quittances 7610, 11147, 11420 et 1863...................	56	90		23	Ristourne à l'assuré H......., police N.º 194/14040 et avenant N.º 080/01421..	17	34
23	Police N.º 328/21916, prime et police....	11	40		28	Ma remise en espèces à M. l'inspecteur....	300	»
»	D.º 329/21917, d.º d.º.......	27	»			Port d'un paquet de la direction........	1	»
24	D.º 330/21818, d.º d.º et plaque.	80	70					
28	Bordereau N.º 132. Quittances 12929,12930, 1702, 1703, 1704, 13015 et 13016...	32	05					
30	Bordereau N.º 133. Quittances 2849, 7849, 22419, 22420, 22421, 22422 et 22423.	78	80					
31	Police N.º 331/21918 , prime , police et plaque......................	9	85					
	Bordereau N.º 132 Quittances 7871 et 7872.	18	50					
	À reporter......	1,318	75			À reporter......	1,143	34

BORDEREAU N.º 676

Des valeurs à encaisser pour M. L...., à Dunkerque.

NUMÉRO de la quittance.	NOM DU DÉBITEUR.	DATE DE L'EXIGIBILITÉ.			VALEURS à encaisser.	
312	MARTIN......................	1848	Décembre.	15	5	60
313	MOREL-WOESTYN...!...............	»	»	»	4	»
1492	LÉVÊQUE.....................	»	»	1	5	»
2486	CACAN (Boniface)................	»	»	26	30	»
2487	BAILLON	»	»	1	12	»
3557	TISEREN.	»	»	2	6	»
6709	LECLERCQ....................	»	»	11	6	80
6710	CACAN (Adolphe)............. ...	»	»	16	26	»
6711	DELMAIRE...................	»	»	»	2	90
6712	QUILLACQ...................	»	»	»	1	»
6713	GUINET (E.).................	»	»	20	12	65
6714	VANDORINE (P.-J.).............	»	»	25	5	95
11435	BOURD (J.)................. ..	»	»	22	1	60
11436	TORHOUT (P.)...............	»	»	»	11	75
11640	COURTIN (A.)...............	»	»	1	1	20
11641	RYCKEBUSCH.	»	»	»	1	40
11642	MORETTE.	»	»	3	43	50
11646	DEBAECQUE (J.)................	»	»	15	17	40
11647	MERCIER et DESACHEZ.............	»	»	31	6	»
19474	DEKAISER (P.-A.)	»	»	2	5	60
19476	POL (Henri).................	»	»	15	7	20
19477	NOEDTS (J.-P.)...............	»	»	»	1	50
19478	CHAMONIN (S.-G)..............	»	»	17	3	»
19479	FONTAINE (M.)...............	»	»	31	20	25
24	Quittances ensemble de............................ F.				238	30

Lille, le 20 novembre 1848.

Modèle N.º 41 bis.

BORDEREAU

Des Quittances en retard dans l'Agence du C . . . . . au 30 juin 1848.

N.º du bordereau des valeurs à encaisser.	Numéro de la quittance	NOM DE L'ASSURÉ.	Date de l'exigibilité.			Valeurs en retard.		Causes du retard.
688	1215	URTEBIS (B.)	1848	Juin.	10	25	10	Insolvable.
»	3875	LENOIR (J.)	»	»	4	6	60	Failli.
»	3876	CACAN (Boniface) . .	»	»	»	8	80	Cessation de commerce , les marchandises assurées n'existant plus.
»	5525	LEPRÉVOT.	»	»	15	10	»	Refuse de payer ; il prétend n'être plus assuré.
»	7875	VANAMANDEL	»	»	5	7	35	Demande un délai de quelques mois.
»	9212	GODARD.	»	»	20	35	»	Les bâtiments assurés sont démolis.
»	9565	LEVIER	»	»	30	4	40	Insolvable.
»	12875	PREVOST.	»	»	2	5	50	Idem.
»	12910	CHAMAILLARD	»	»	8	2	15	Demeure maintenant à Paris
»	13821	PERARD.	»	»	25	55	5	Demande un délai jusqu'à la moisson.
»	14560	BOUCHOT	»	»	30	1	»	Insolvable.
»	17712	GRISEZ	»	»	6	2	50	Disparu ; ses biens ont été saisis.
»	17713	VAUBAILLE	»	»	»	8	10	Demande un délai de quelques semaines.
				Total		171	55	

Fait au C . . . . , le 1.er juillet 1848.

26

COMPTE TRIMESTRIEL.

DOIT. M. B . . . . , de V . . . . , son compte, 4.me trimestre 1848, avec la **Compagnie d'Assurances contre l'Incendie LE NORD.** **AVOIR.**

DATE.	N.os des polices ou quittances.		15 %	54 %	40 %	45 %	75 %	PRIX de la police.	de la plaque.	TOTAUX.	DATE.	N.os des polices ou quittances.		COMMISSION sur primes.	sur police.	sur plaque.	TOTAUX.
1848. Octobre.	1		Débiteur au 50 septembre. .								955 50	1848. Octobre. 2		Notre disposition sur Scal-bert, 31 octobre.				500 »
»	»		44 quitt., bordereau N.º 529. 241 »									» 15		Notre disposition sur Scal-bert, au 15 novembre. . .				400 »
»	14		27 id. id. N.º 589. 268 10								884 75	Décembre. 1	12724	Quittance Lenglé, échue le 25 septembre 1848, re-tournée impayée. 20 »				19 »
Novembre.	18		56 id. id. N.º 655. 375 65											A déduire, comm.n de recette, 5. %.º 1 »				
Octobre.	1	24845	Wattiaux (A.).	6 »	»	»	»	»	»	2 »	8 »	» 15		Sa remise en espèces. . . .				550 »
»	»	25078	Cagnoncie.	»	»	»	»	»	3 75	2 »	5 75	» »		Payé à la compagnie la RÉ-PARATRICE, reprise Bou-chez-Legavrian.				15 75
»	»	25079	Maréchal (L.).	»	»	»	»	7 80	» »	2 »	9 80	» 25		Sa remise à M. Fiquet, ins-pecteur en tournée. . . .				100 »
»	»	25088	Carpentier (J.).	»	»	»	»	»	98 »	2 »	102 »	» 51		Commis.n, 5 % sur 884 75				44 25
»	2	25506	Lebrun.	»	»	»	»	»	1 »	2 »	5 »			Id. 15 % » 89 20				15 58
»	5	25507	Levêque.	18 00	»	»	»	»	»	2 »	20 60			Id. 54 % » 52 10				17 71
»	16	25508	Bracq.	»	»	»	»	»	89 25	2 »	95 25			Id. 40 % » 48 70				19 48
»	20	25509	Lacomblez.	»	»	»	»	»	19 75	2 »	25 75			Id. 45 % » 178 65				80 59
»	25	25510	Bonneville.	»	»	»	»	»	5 »	2 »	5 »			Id. 75 % » 278 70				209 2
Novembre.	24	25512	Dessart (Édouard)	55 60	»	»	»	»	»	2 »	37 60			Id. sur 24 polices. .		» 50		12 »
»	26	25545	Vaillant.	»	»	48 70	»	»	»	2 »	50 70			Id. sur 10 plaques. .			» 50	5 »
»	»	25569	Fontaine.	»	»	»	»	»	1 20	2 1 50	4 70							
»	»	25570	Renaux.	»	»	»	»	»	9 90	2 2 »	15 90							
»	»	25571	Lacourte.	»	»	»	»	»	1 50	2 »	5 50							
»	»	25572	Jansen (C.).	»	»	»	»	»	2 75	2 1 50	6 25							
»	27	25575	Jansen (Mlle. J.)	»	»	»	»	»	3 »	2 »	5 »							
»	50	25574	Guilbert.	»	52 10	»	»	»	»	2 »	54 10							
»	»	25575	Pierrart.	15 »	»	»	»	»	»	2 »	15 »							
Décembre.	1	26005	Godou.	16 »	»	»	»	»	»	2 »	18 »							
»	14	26018	Renard.	»	»	»	»	»	29 80	2 1 50	55 30							
»	20	26019	Chopin.	»	»	»	»	»	5 »	2 1 50	8 50							
»	21	26020	Duez.	»	»	»	»	»	3 »	2 1 50	6 50							
»	»	26021	Guiquin.	»	»	»	»	»	7 80	2 2 »	11 80							
»	»	26022	L'Empereur (N.º).	»	»	»	»	170 85	» »	2 »	172 85			Débiteur au 31 décemb. 1848				564 94
				89 20	52 10	48 70	178 65	278 70			2,550 90							2,550 90

Modèle N.º 43.

LE NORD,
COMPAGNIE D'ASSURANCES CONTRE L'INCENDIE.

BULLETIN
DE DEMANDE ET D'EXPÉDITION DU MATÉRIEL.

Agence de B. . . . .

DÉSIGNATION DU MATÉRIEL.	NOMBRE de chaque espèce demandé.	NOMBRE de chaque espèce expédié.
ADRESSES au directeur.	20	20
AFFICHES grandes.	30	10
Dito petites.	75	50
AVENANTS doubles.		
Dito simples.		
BORDEREAUX mensuels d'assurances.	20	15
Dito des primes en retard.		
BULLETIN de demande et d'expédition du matériel.		
COMMISSIONS délivrées par l'agent principal aux sous-agents.	25	»
COMPTES-RENDUS de la compagnie.		
COMPTES trimestriels des agents.		
FEUILLES ou livre d'enregistrement des assurances.		
Dito dito des avenants.		
INSTRUCTIONS.		
LETTRES de première sommation aux assurés en retard.		
Dito dito dito dito.		
LETTRE d'avis pour prévenir de l'expiration d'une police.		
PLAQUES d'agence.		
PLAQUES d'assurés, grandes dorées.	50	20
Dito dito petites dorées.	50	50
Dito dito dito non dorées.		
POLICES doubles, papier fin.	100	100
Dito dito dito fort.		
Dito simples, dito fin.	100	100
Dito dito dito fort.		
Dito petit format.		
PROPOSITIONS doubles, avec adresse au directeur.		
Dito dito sans adresse au directeur.		
Dito simples, dito dito.	50	40
PROSPECTUS et listes d'actionnaires.	200	100
RENSEIGNEMENTS spéciaux et confidentiels.		
QUITTANCES de prime de première année.	100	100
Dito d'une année autre que la première.		
STATUTS.		
TARIFS.	50	25

Demandé le 4 décembre 1848.

Expédié le 11 décembre 1848.

L'Agent,

Le Directeur,

Modèle N.° 44.

AGENCE GÉNÉRALE

de *B......*

LE NORD,

COMPAGNIE D'ASSURANCES CONTRE L'INCENDIE.

B. . . . . . . , LE 15 MAI 1848.

Monsieur le Directeur,

Nous regrettons d'avoir à vous faire connaître qu'un incendie vient d'éclater dans les valeurs assurées à M. V......, par police N.° 25/18734 des 11/12 août 1847 : nous ignorons encore la cause de ce sinistre ; on dit que tout est détruit : nous nous transportons immédiatement sur les lieux.

Agréez , etc.

P. S. — *Six heures du soir.* Nous arrivons du théâtre du sinistre : grâces aux secours énergiques apportés à temps , l'incendie est complètement comprimé ; le bâtiment B, assuré par l'article 2 de la police, est détruit : il ne reste que les quatre murs ; mais les autres bâtiments ont pu être préservés, et l'on a pu sauver aussi une partie notable des valeurs mobilières ; les pertes ne sont donc pas aussi considérables que nous l'avions craint.

Des bruits étranges et contradictoires circulent dans le public : on attribue la cause du sinistre à la malveillance ; on va même jusqu'à accuser le sinistré lui-même. Nous ne pouvons encore apprécier la valeur de ces bruits.

Un pompier a été grièvement blessé.

AGENCE GÉNÉRALE

de B......

LE NORD,

COMPAGNIE D'ASSURANCES CONTRE L'INCENDIE.

B. . . . . LE 18 MARS 1848.

M. Firmin Joyau, Directeur de la Compagnie d'Assurances

Le Nord,

Lille.

Monsieur,

Nous vous confirmons notre lettre du 15 de ce mois.

Dès avant-hier matin nous sommes retournés sur les lieux du sinistre, et nous venons vous rendre compte de nos opérations.

Dès le jour du sinistre et après que l'incendie eut été comprimé, nous nous transportâmes chez M. le maire de la commune, pour nous entendre avec lui sur les diverses mesures à prendre : nous avons beaucoup à nous louer de son concours.

Il fut convenu que quatre pompiers veilleraient toute la nuit jusqu'à notre retour, et consigne leur fut donnée de ne laisser rien détourner ni déranger ; nous fîmes déposer par le sinistré tous ses papiers à la mairie, dans une armoire dont la clef fut confiée au greffier, et nous l'engageâmes à faire de suite sa déclaration au juge-de-paix et à préparer les éléments de son état de pertes.

Nous ne quittâmes pas M. le maire sans appeler son attention sur la cause présumée du sinistre.

Aujourd'hui nous sommes heureux de pouvoir dire que le sinistré est à l'abri de tout soupçon ; nous avons reconnu que les bruits qui avaient circulé sur son compte n'avaient aucun fondement ; sa réputation est excellente, et en consultant ses papiers et ses livres, tenus avec beaucoup d'ordre, nous avons reconnu qu'il est très-bien dans ses affaires ; que les bâtiments, qui sont presque neufs, avaient été assurés près d'un quart au-dessous de leur valeur réelle, et que le chiffre des marchandises existant au moment de l'incendie était aussi de beaucoup supérieur au chiffre assuré.

Le sinistre est dû à la malveillance étrangère : par l'examen des lieux et par le témoignage des voisins, il est bien constaté que le feu a pris à l'extérieur par le toit de la grange B, et, presque aussitôt un homme a été vu fuyant dans la petite rue voisine.

Les soupçons se sont de suite portés sur un nommé Philippe, ancien domestique du sinistré et renvoyé pour son inconduite. Ses allures et ses propos pendant et après l'incendie ont aggravé les soupçons à un point tel que nous n'avons pas hésité à porter les faits à la connaissance du procureur

27

de la République. Philippe a été arrêté et interrogé, et l'on dit qu'il a tout avoué : malheureusement il est insolvable.

Du reste, la perte sera peu importante ; presque toutes les récoltes étaient écoulées, et la plus grande valeur de la grange consistait dans ses quatre murailles qui sont encore debout. Le hangar C et le bâtiment D ont aussi souffert, et l'on craint que les vins dans D n'aient été altérés ; nous les avons fait déguster ce matin, et l'on nous dit qu'ils pourraient bien avoir perdu quarante à cinquante pour cent de leur valeur. Heureusement il n'y en avait qu'une très-petite quantité.

L'eau des pompes a aussi causé quelque dommage dans le mobilier de l'habitation ; quant aux marchandises, elles ont été toutes sauvées et sans aucune avarie.

Nous ne serions pas étonnés qu'en définitive la perte totale ne s'élevât pas à plus de quatre mille francs : le sinistré, dans l'état qu'il nous a remis hier matin, la porte à fr. 4,462.

Nous aurons à recommander à la bienveillance de la Compagnie le corps des pompiers de la commune, au zèle et au dévoûment desquels nous devons la préservation des cinq sixièmes des valeurs assurées, et particulièrement les quatre pompiers qui ont passé la nuit, et plus particulièrement encore le pompier Victor Lelong, qui, le premier, a donné l'exemple du dévoûment et en a été victime, car il a eu la main droite et l'avant-bras profondément atteints par les flammes ; il est à l'hôpital et il ne pourra pas travailler avant six semaines ou deux mois. C'est un charpentier sans fortune et père de six enfants.

Nous attendons avec impatience l'arrivée d'un inspecteur ou vos instructions spéciales.

Agréez, etc.

DÉCLARATION

DEVANT LE JUGE-DE-PAIX,

L'an mil huit cent quarante-huit, le quatorze février,

Par-devant nous, André-Joseph D...., juge-de-paix du canton de C...., département du Nord, assisté du sieur Désiré-Louis G...., greffier de ladite justice-de-paix ;

A comparu :

Dame M.... B...., veuve W...., ménagère, demeurant à E.....

Laquelle a déclaré qu'un incendie qui a éclaté audit E...., cejourd'hui, à dix heures et demie du matin, et qui a duré environ deux heures et demie, a consumé entièrement 1.° la couverture en chaume et la charpente de sa maison, sise audit C...., au lieu dit la V....; 2.° la grange située auprès de ladite maison, bâtie en bois, couverte aussi en chaume; 3.° les récoltes qu'elle contenait; et 4.° quantité d'objets mobiliers renfermés dans les bâtiments incendiés ;

Qu'elle ne sait à quoi attribuer les causes de cet incendie, qui a pris par la maison du sieur C....., son voisin ;

Que les moyens pris pour arrêter les progrès furent principalement l'usage de l'eau apportée par les habitants accourus au secours ;

Et qu'enfin, elle estime le dommage causé par cet événement à la somme de douze cent quinze francs, savoir :

Cinq cent soixante francs pour sa maison, ci. . . . . 560 »

Trois cent cinq francs pour sa grange, ci. . . . . 305 »

Cent cinquante francs pour ses récoltes, ci. . . . . 150 »

Et deux cents francs pour son mobilier, ci. . . . . 200 »

Total égal, douze cent quinze francs, ci. . . . . 1,215 »

De laquelle déclaration la comparante a requis acte, que nous lui avons octroyé.

Et après lecture, elle a signé avec nous et le greffier.

Fait à C...., les mêmes jour, mois et an que dessus.

ÉTAT DES PERTES

Résultant du sinistre du 13 juin 1848, dans les valeurs assurées à M. N. .. (Théodore),
par police de la compagnie LE NORD, N.° 163/14817.

DÉSIGNATION.	VALEUR avant l'incendie.	SAUVETAGE intact.	SAUVETAGE avec avaries.	PERTE.
BATIMENTS.				
Bâtiment A	35,000	17,432	5,128	12,440
Bâtiment B	7,000	3,727	433	2,840
Bâtiment C	2,000	»	558	1,442
Bâtiment D	7,000	6,839	»	161
	51,000	27,998	6,119	16,883
MOBILIER PERSONNEL.				
Meubles et ustensiles de ménage	4,000	1,700	228	2,073
Linge et effets d'habillement	3,800	2,945	134	721
Glaces, pendules et autres ornements . .	2,000	1,175	347	478
Argenterie	1.200	1,200	»	»
Provisions de ménage	738	143	»	595
	11,738	7,163	708	3,867
MARCHANDISES.				
Sucres	21,750	10,437	168	11,145
Vergeoises	18,925	4,745	217	13,963
Cafés	6,664	5,522	249	893
Cacaos	280	84	19	177
Riz	3,548	3,300	74	174
Articles divers d'épiceries	7,560	2,112	1,198	4,250
	58,727	26,200	1,925	30,602

RÉCAPITULATION DES PERTES.

Bâtiments	16,883	
Mobilier.	3,867	51,352
Marchandises.	30,602	

NOTA. — Il est bien entendu que l'état qui précède n'est à proprement parler qu'un résumé de l'état des pertes, et que chaque article devra être détaillé particulièrement : ainsi, on devra énumérer les meubles et ustensiles de ménage, le linge et les effets d'habillement, etc., etc.

Pour établir la valeur au jour de l'incendie, le sinistré ne devra pas oublier qu'il ne doit pas s'en tenir à la valeur d'achat ou à la valeur assurée, mais que, pour les marchandises, il doit prendre la valeur au cours du jour, et, pour les autres valeurs, tenir compte de la différence du neuf au vieux.

Enfin, il ne devra pas oublier qu'il doit, autant que possible, joindre à son état des pertes les pièces ou documents justificatifs de l'existence des valeurs au jour de l'incendie.

Le sinistré procédera de même pour un mobilier industriel, un mobilier d'exploitation rurale, des bestiaux, des récoltes, etc., etc.

Voir, du reste, ci-après, les N.ᵒˢ 49 bis, 50 bis et 51 bis.

COMPROMIS

OU

ACTE DE NOMINATION D'EXPERTS.

Par police N.º 293/19102 des 2/3 janvier mil huit cent quarante-sept, souscrite pour dix ans, la Compagnie d'Assurances contre l'Incendie LE NORD a assuré à M. N.... (Xavier-Louis), demeurant à X...., canton d...., arrondissement d...., département d...., une somme de

(1) Indiquer sommairement les objets assurés.

sur (1)

Le   à   heure   d

un incendie a atteint les objets assurés et a causé une perte de

suivant la déclaration faite à M. le juge-de-paix du canton, et dont une expédition a été remise à la compagnie.

Les parties voulant, conformément à la police d'assurance, faire procéder à l'estimation des dommages, ont nommé pour leurs experts, savoir :

L'assuré

M.

Et la compagnie LE NORD, représentée par M.

son agent principal à

M.

MM. les experts auront pour mission immédiate :

1.º De constater, autant que cela sera possible, la cause du sinistre ;

2.º De vérifier l'identité des lieux, ainsi que l'exactitude des déclarations contenues dans la police sur le genre des constructions et couvertures et sur la nature des risques, et d'examiner aussi s'il a été fait des changements ou additions qui aient multiplié ou aggravé les chances d'incendie ;

3.º De constater, en ce qui concerne les objets mobiliers de toute nature, l'existence de ces objets au moment du sinistre.

Il doit être fait une estimation distincte pour chaque article de la police.

Se rappeler ce qui a été dit , instructions , art.

4.° D'estimer, en ce qui concerne chaque bâtiment :

La valeur de constructions à neuf ;

La valeur des parties sauvées intactes ;

La valeur des parties sauvées avec avaries, et des débris hors de service ;

La déduction à faire pour la différence du neuf au vieux.

En ce qui concerne les objets mobiliers :

La valeur desdits objets au moment de l'incendie :

La valeur des objets sauvés intacts ;

Le sauvetage avec avaries.

Si lesdits experts ne tombent pas d'accord , ils s'adjoindront un tiers-expert , avec lequel ils opéreront en commun, et dont, en cas de besoin, ils déféreront le choix au président du tribunal de commerce , ou , à défaut, au tribunal de première instance de l'arrondissement.

Ils sont dispensés de toutes les formalités judiciaires.

Toutefois, la compagnie, en consentant à cette expertise , dans le but d'éviter toute détérioration ultérieure et d'arriver, le plus tôt possible, à l'exécution de ses engagements , ne le fait que sous la réserve formelle de tous ses droits , notamment de ceux résultant des conditions générales de la police, pour le cas où l'assuré , par des infractions qui seraient reconnues pendant ou après l'expertise, aurait encouru la déchéance.

La compagnie n'entend point non plus renoncer à la faculté qu'elle s'est réservée , par les conditions générales de la police , de faire réparer , reconstruire, ou de remplacer les objets incendiés.

Fait double à X. . . ., le

Nous, experts désignés dans le compromis qui précède , déclarons accepter la mission qui nous est confiée , et promettons de la remplir en notre âme et conscience.

A X. . . . ., le

Modèle N.° 49.

PROCÈS-VERBAL

D'EXPERTISE DES BATIMENTS.

L'an mil huit cent quarante-huit, le dix-huit septembre,

Nous, soussignés, C..... (Louis), architecte, demeurant à Lille, rue...., N.°....

Et V..... (Pierre-Antoine), entrepreneur de bâtiments, demeurant audit Lille, rue....., N.°....

Experts choisis, le premier par la Compagnie d'assurances LE NORD, et le second par M. P..... (Félix-André), rentier, demeurant à Wazemmes, rue...., N.°.., suivant compromis du 15 présent mois, à l'effet de procéder à l'estimation des dommages résultant, en ce qui concerne les bâtiments, de l'incendie survenu dans la nuit du douze au treize dudit présent mois (1),

Nous sommes transportés sur le lieu du sinistre, et là, en présence des parties, nous avons procédé aux opérations qui nous ont été confiées.

Après nous être éclairés par tous les renseignements qu'il nous a été possible de recueillir, et après avoir établi des évaluations détaillées que nous avons consignées et certifiées sur une feuille à part, annexée au présent procès-verbal, nous déclarons ce qui suit :

Nous avons reconnu que la cause du sinistre doit être attribuée au mauvais état de la cheminée de la chambre à coucher, figurée au tracé ci-joint par la lettre D.

En effet, en suivant les traces de la marche du feu, il est facile de reconnaître qu'il a dû commencer dans le placard placé à gauche de ladite cheminée, qui, dans cet endroit, présente une lézarde se prolongeant dans toute la longueur dudit placard, et qui, par son apparence, doit être attribuée, non à la violence du feu, mais à la vétusté; en outre, les gens de la maison nous ont déclaré que, depuis quelques semaines, la poussière balayée dudit placard était noirâtre et paraissait être mêlée de suie; enfin, sur l'étagère dominant ledit placard, nous avons trouvé des agglomérations de suie, qui devaient y avoir séjourné depuis plusieurs mois.

En ce qui concerne les dommages résultant de l'incendie, nous avons reconnu que le bâtiment figuré par la lettre B au tracé joint à la police, avait, au moment de l'incendie et déduction faite de la différence du neuf au vieux, une valeur de SEPT MILLE QUATRE CENT TROIS FRANCS VINGT CENTIMES.

Que cet immeuble conserve après l'incendie, tant en sauvetage intact qu'en sauvetage avec avarie, une valeur de DEUX MILLE SIX CENT QUATRE-VINGT-CINQ FRANCS QUARANTE-SIX CENTIMES.

En conséquence, le dommage résultant de l'incendie est de QUATRE MILLE SEPT CENT SOIXANTE-DIX-SEPT FRANCS SOIXANTE-QUATORZE CENTIMES.

En foi de quoi nous avons dressé, en double minute, le présent procès-verbal, pour une minute être remise à la Compagnie et l'autre au sinistré.

Ainsi fait double à Wazemmes, les mêmes jour, mois et an que ci-dessus.

---

(1) S'il y a un tiers-expert, on ajoute :

Enfin, N.... (Jules), demeurant à..... rue...., N.°.... tiers-expert nommé à l'effet de concourir aux investigations et estimations requises.

28

ESTIMATION DÉTAILLÉE DES BATIMENTS,

A annexer au procès-verbal d'expertise en date de ce jour.

DÉSIGNATION DES OBJETS.	Mesure et quantité.	VALEURS de construction à neuf avant l'incendie.		SAUVETAGE intact.		SAUVETAGE avec avaries.			OBSERVATIONS.
		Prix.	Total.	Mesure ci quantité.	Total.	Mesure et quantité.	Prix.	Total.	
		fr. c.	fr. c.		fr. c.		fr. c.	fr. c.	
Maçonnerie (le mètre). .	293	14 »	4102 »	80	1120 »	30	9 »	270 »	*Énoncer ici briève-*
Cloisons de briques (id.)	60	6 »	360 »	15	90 »	27	5 »	135 »	*ment en quoi con-*
Id. ourdées.. (id.)	45	4 »	180 »	10	40 »	10	3 »	30 »	*siste le dommage*
Plafonnage.	120	4 »	480 »	50	120 »	»	» »	» »	*aux principaux ob-*
Couverture (le mètre). .	150	5 »	750 »	50	250 »	»	» »	» »	*jets avariés.*
Bois de charp. (le stère).	12	100 »	1200 »	2	200 »	30	2 »	60 »	
12 portes en sapin em- boité, en chêne, sans chambranle.	12	11 »	152 »	4	48 »	2	6 »	12 »	
10 fenêtres, 1 m. 80 c de hauteur.	10	20 »	200 »	3	60 »	3	5 »	15 »	
10 contrevents, idem. . .	10	19 »	190 »	4	76 »	3	10 »	30 »	
Parquet (le mètre). . . .	20	5 50	110 »	6	33 »	»	» »	» »	
Lambris pour portes à panneaux (le mètre) . .	19	15 »	285 »	5	75 »	3	9 c	27 »	
Objets divers.			7989 »		2112 »			579 »	
Gros fer pour les murs et planches (les º/₀ kilog.)	250	80 »	200 »	50	40 »	50	50 »	25 »	
Ferrures des portes et fe- nêtres, peintures et vi- treries	»	» »	320 »	»	40 »	»	» »	» »	
Plomb pour chéneaux et noues de lucarnes . . .	575	64 »	240 »	70	44 80	»	» »	» »	
6 chambranles de chemi- née en marbre.	6	30 »	180 »	5	90 »	»	» »	» »	
Escalier en charpente, rampes, etc.	»	» »	400 »	»	150 »	»	» »	» »	
Débris et matériaux hors de service.	»	» »	» »	»	» »	»	» »	100 »	
Différence du neuf au vieux, eu égard à la date des constructions, 20 p. º/₀ à déduire. . . .	»	» »	9529 »		2476 80				
			1865 80		495 36				
			7465 20		1981 46			704 »	
A déduire { Sauvetage intact. Sauvetage avarié.	» »	1981 46 704 »	2685 46		1981 46				
DOMMAGE	. . .	. . . .	4777 74						

Fait double à Wazemmes, le dix-huit septembre mil huit quarante-huit.

P.-A. V. . . . . .   **L. C. . . . . . .**

PROCÈS-VERBAL D'EXPERTISE

DU MOBILIER.

L'an mil huit cent quarante-huit, le vingt-deux octobre,

Nous, soussignés, P........ (Alexis), commissaire-priseur vendeur, demeurant à Cambrai, rue.......
N.º......

Et S....... (Aristide), tapissier, marchand de meubles, demeurant audit Cambrai, rue...... N.º..,

Experts choisis, le premier par la Compagnie d'assurances Le Nord, et le second par M. L.......
(Napoléon-César-Auguste), rentier, demeurant à Cambrai, rue......., N.º....., suivant compromis du
vingt de ce mois, à l'effet de procéder à l'estimation des dommages résultant (en ce qui concerne le mobilier
personnel) de l'incendie survenu le dix-neuf dudit présent mois (1),

Nous sommes transportés sur le lieu du sinistre, et là, en présence des parties, nous avons procédé aux
opérations qui nous ont été confiées.

Après nous être éclairés par tous les renseignements qu'il nous a été possible de recueillir, et après avoir
établi des évaluations détaillées que nous avons consignées et certifiées sur une feuille à part, annexée au
présent procès-verbal, nous déclarons ce qui suit :

La cause du sinistre nous est restée complétement inconnue.

Le mobilier personnel, assuré par l'article 2 de la police, avait, au moment de l'incendie, et déduction
faite du neuf au vieux, une valeur de DEUX MILLE QUATRE CENT CINQUANTE-SEPT FRANCS.

Il conserve après l'incendie, tant en sauvetage intact qu'en sauvetage avec avarie, une valeur de MILLE
QUARANTE-CINQ FRANCS.

En conséquence, le dommage résultant de l'incendie est de QUATORZE CENT DOUZE FRANCS.

En foi de quoi nous avons dressé, en double minute, le présent procès-verbal, pour une minute être remise
à la Compagnie et l'autre au sinistré.

Ainsi fait double à Cambrai, les mêmes jour, mois et an que ci-dessus.

(1) S'il y a tiers-expert, on ajoute :
Enfin F...... (Léon), demeurant à......... rue........ N.º....., tiers-expert nommé à l'effet de concourir
aux investigations et estimations requises.

ESTIMATION DÉTAILLÉE DU MOBILIER,

A annexer au procès-verbal d'expertise en date de ce jour.

DÉSIGNATION DES OBJETS.	NOMBRE.	VALEUR vénale au moment de l'incendie. de chaque pièce.	TOTAL.	OBJETS sauvés intacts. NOMBRE.	TOTAL.	OBJETS sauvés avec avaries. NOMBRE.	Valeur de chaque pièce.	TOTAL.	OBSERVATIONS.
MEUBLES **& Ustensiles de ménage.**		fr.	fr. c.		fr. c.		fr. c.	fr. c.	*Énoncer ici briè-vement en quoi consiste le dom-mage aux prin-cipaux objets a-variés.*
Buffet en noyer.	1	»	40 »	»	» »	»	» »	» »	
Secrétaire en acajou.	1	»	60 »	»	» c.	»	» »	30 »	
Bois de lit id..	1	50	50 »	1	50 »	»	» »	20 »	
Id. id.	1	50	70 »	»	» »	1	» »	» »	
Id. en chêne..	2	30	60 »	»	» »	»	» »	» »	
Chaises en merisier.	12	4	48 »	5	20 »	»	» »	» »	
Matelas.	4	60	240 »	1	60 »	»	» »	» »	
Id..	4	30	120 »	2	60 »	»	» »	» »	
Traversins.	4	10	40 »	1	10 »	»	» »	» »	
Oreillers.	6	6	36 »	6	36 »	»	» »	» »	
Couvertures de laine..	12	15	180 »	4	60 »	2	10 »	20 »	
Tables de nuit en acajou.. . . .	2	15	30 »	»	» »	2	7 50	15 »	
Assiettes de porcelaine blanche.	6 douz.	7	42 »	2 douz.	14 »	»	» »	» »	
Verres.	3 douz.	6	18 »	»	» »	»	» »	» »	
			1034 »		310 »		» »	85 »	
GLACES, **Pendules & Ornements.**									
Glaces..	1	60	60 »	»	» »	1	» »	20 »	
Id.	1	30	30 »	»	» »	»	» »	» »	
Pendule en bronze doré (sujet).	1	»	180 »	»	» »	1	» »	120 »	
Id. en acajou.	1	»	60 »	1	60 »	»	» »	» »	
Candélabres en bronze.	2	50	100 »	»	» »	»	» »	40 »	
			430 »		60 »			180 »	
LINGE **& Effets d'habillement.**									
Chemises de toile pour homme..	24	10	240 »	6	60 »	4	5 »	12 »	
Draps.	12 pair.	20	240 »	5	60 »	3	6 »	18 »	
Id.	12 id.	15	180 »	2	30 »	5	10 »	50 »	
Serviettes.	44	2	88 »	30	60 »	»	» »	» »	
Id.	12	5	60 »	»	» »	»	» »	» »	
Habit noir..	1	»	70 »	1	70 »	»	» »	» »	
Pantalons de drap..	3	25	75 »	2	50 »	»	» »	» »	
Gilets.	4	10	40 »	»	» »	»	» »	» »	
			993 »		330 »			80 »	

RÉCAPITULATION.

La valeur du mobilier, au jour de l'incendie, était, savoir :

Meubles et ustensiles de ménage. . . . .   1,034 fr.

Glaces, pendules et ornements.   340

Linge et effets d'habillement.   993

_____

2,457

A déduire : 1.º sauvetage intact   700   }

2.º   dito   avec avaries.. . .   345   }   1,045

_____

Montant net du dommage.   1,412

Fait double à Cambrai, le dix-huit septembre mil huit cent quarante-huit.

PROCÈS-VERBAL D'EXPERTISE

DE MARCHANDISES ET DE RÉCOLTES.

L'an mil huit cent quarante-huit, le douze novembre, nous soussignés, M. . . . . (Camille), cultivateur et fabricant de sucre indigène, demeurant à T. . . . . canton de C. . . . . , arrondissement de Lille :

Et D. . . . . (Urbain), aussi cultivateur et fabricant de sucre indigène, demeurant à M. . . . , canton de P. . . . , arrondissement de Lille ;

Experts choisis, le premier par la Compagnie d'assurances LE NORD, et le second par M. C. . . . . (Etienne Isidore), cultivateur et fabricant de sucre indigène , demeurant audit M. . . . , suivant compromis du huit de ce mois, à l'effet de procéder à l'estimation des dommages résultant (en ce qui concerne les marchandises et les récoltes), de l'incendie survenu dans la soirée du six du même mois :

Nous sommes transportés sur le lieu du sinistre, et là , en présence des parties , nous avons procédé aux opérations qui nous ont été confiées.

Après nous être éclairés par tous les renseignements qu'il nous a été possible de recueillir , et après avoir établi des évaluations détaillées , que nous avons consignées et certifiées sur une feuille à part, annexée au présent procès-verbal, nous déclarons ce qui suit :

Nous avons reconnu que la cause du sinistre doit être attribuée à la malveillance.

En effet , en suivant les traces de la marche du feu , il est facile de reconnaître qu'il a dû commencer à l'angle extérieur D de la grange L du plan ci-joint.

Au moment où l'incendie a éclaté, et quand chacun s'empressait d'éveiller les gens de la maison et d'apporter des secours, un homme a été vu se glissant entre les deux meules établies près de la grange, et fuyant à toutes jambes dans la direction du hameau de V. . . . .

Les nommés R. . . . . et C. . . . . s'étant mis à sa poursuite, et n'ayant pu le joindre, ont pu ramasser ses sabots, qu'il avait abandonnés dans sa fuite , et ont retrouvé, non loin de la grange , une boîte d'allumettes chimiques, et près de l'une des meules la plus rapprochée de la grange, un amas de copeaux , d'allumettes chimiques et autres matières inflammables.

De tout quoi nous avons cru devoir informer le procureur de la République.

En ce qui concerne le dommage résultant de l'incendie, nous avons reconnu :

1.° Que les marchandises brutes en fabrication et fabriquées , assurées dans les divers bâtiments de la sucrerie, avaient, au moment de l'incendie, une valeur (au cours du jour) de soixante-dix-sept mille six cent trente-huit francs vingt-trois centimes.

Que lesdites marchandises , après l'incendie , conservent , tant un sauvetage intact qu'en sauvetage avec avarie, une valeur de quarante-deux mille neuf cent quatre-vingt-dix-sept francs vingt-trois centimes.

En conséquence, le dommage de ce chef est de trente-quatre mille six cent quarante-un francs.

2.º Que les récoltes de toute nature , battues ou non battues , en meules et dans les divers bâtiments de la ferme, avaient, au moment de l'incendie , une valeur (au cours de la dernière mercuriale) , de vingt-trois mille quatre cent cinquante-deux francs ;

Que lesdites récoltes après l'incendie conservent , tant en sauvetage intact qu'en sauvetage avec avarie , une valeur de neuf mille huit cent quatre-vingt-quatre francs.

En conséquence, le dommage de ce chef est de treize mille cinq cent soixante-huit francs ;

Et le dommage ensemble des marchandises et des récoltes est de quarante-huit mille deux cent neuf francs.

En foi de quoi nous avons dressé en double minute le présent procès-verbal, pour une minute être remise à la Compagnie et l'autre au sinistré.

Ainsi fait double à M. . . . . . les mêmes jour, mois et an que ci-dessus.

C. M. . . . .

U. D. . . . .

Modèle N.° 51 bis.

ESTIMATION DÉTAILLÉE

DES MARCHANDISES ET DES RÉCOLTES,

Pour être annexée au procès-verbal d'expertise en date de ce jour.

DÉSIGNATION DES OBJETS.	Valeur vénale au moment de l'incendie.		Objets sauvés intacts.		Objets sauvés avec avaries.		OBSERVATIONS.
	fr.	c.	fr.	c.	fr.	c.	
Marchandises.							Pour plus de précision et pour
Betteraves.	7,344	27	1,247	17	936	05	que l'on puisse mieux appré-
Pulpe.	2,137	35	»	»	102	»	cier le mérite de l'expertise, il
Jus, sirops, mélasses et résidus. . . .	12,214	25	2,728	18	1,225	45	faut énoncer les quantités de
Noir animal	2,214	20	1,087	11	114	17	marchandises et de récoltes en
Sucres fabriqués.	55,728	18	24,333	10	8,224	»	mesure d'étendue, de poids ou
Récoltes.	77,638	23	32,395	56	10,601	67	de capacité, selon l'espèce;
Tabacs.	2,150	»	1,943	»	47	»	ainsi : cent mètres de toile ou
Lins.	1,160	»	»	»	»		de drap, cent hectolitres d'huile
Froments battus, en grenier.	4,545	»	2,820	»	747	»	ou de vin, cent kilogrammes
Avoines d.° d.°	754	»	542	»	14	»	de sucre ou de suif.
Blés en gerbes, en meules ou en granges.	10,555	»	2,736	»	»	»	
Scourgeons d.° d.°	2,196	»	»	»	»	»	Énoncer aussi brièvement en
Pailles	580	»	»	»	27	»	quoi consiste le dommage aux
Sainfoins.	430	»	430	»	»	»	principaux objets avariés.
Pommes de terre	320	»	»	»	58	»	
Houblon.	170	»	»	»	»	»	
Colzas en meules.	547	»	547	»	»	»	
Graines de colza.	485	»	200	»	175	»	
	101,090	23	41,235	56	11,647	67	

RÉCAPITULATION.

La valeur des marchandises et des récoltes au jour de l'incendie était, savoir :

Marchandises	77,638	23
Récoltes	23,432	»
	101,090	23
A déduire : 1.° Sauvetage intact. 41,235 56		
2.° D.° avec avaries. . . . 11,647 67	52,881	23
Montant net du dommage.	48,209	»

QUITTANCE D'INDEMNITÉ

DE SINISTRE.

Je soussigné, B........ (Henri-Cyprien), demeurant à Maubeuge, rue........, N.º .... arrondissement d'Avesnes (Nord), reconnais avoir reçu de M. L..... (Émile), Agent principal de la Compagnie d'assurances LE NORD, payant pour et au nom de ladite Compagnie, la somme de NEUF MILLE TROIS CENT QUARANTE-DEUX FRANCS, savoir :

1.º En un effet de deux mille francs sur C........, de Valenciennes, fin courant....... 2,000 fr.

2.º D.º de quatre mille francs sur F......, de Cambrai, au 15 juillet prochain... 4,000

3.º D.º de quinze cents francs sur D......, de Paris, fin juillet prochain......... 1,500

Et 4.º en espèces, mille huit cent quarante-deux francs........................... 1,842

TOTAL ÉGAL, neuf mille trois cent quarante-deux francs........ 9,342

montant de l'indemnité qui m'est due par ladite Compagnie pour dommages résultant de l'incendie survenu le quatre présent mois dans les valeurs qui m'ont été assurées par police N.º 194/19133 des 5/6 novembre mil huit cent quarante-sept (1).

Au moyen de ce paiement, je tiens quitte et décharge la Compagnie de toutes choses relatives audit incendie et aux dommages en résultant, et je la subroge dans tous les droits, actions et recours que je pourrais avoir à exercer contre des tiers à raison dudit incendie.

Fait à Maubeuge, le quatorze juin mil huit cent quarante-huit.

M.-C. B.......

Pour légalisation de la signature H.-C. B.......
Le Maire de Maubeuge.

(1) Si la police est résiliée, il faut ajouter : *laquelle est et demeure résiliée.*

Modèle N.º 53.

NOTIFICATION

DE RÉSILIATION D'ASSURANCE,

L'an mil huit cent quarante-huit, le douze juillet,

A la requête de la Compagnie d'assurances contre l'incendie LE NORD, dont le siége est à Lille, rue St.-Pierre, N.º 29, poursuite et diligence de M. D. . . . . (Honoré), agent de ladite Compagnie pour le. . . . . (1)

J'ai. . . . . huissier. . . . . soussigné, signifié et déclaré à M. L. . . . . (Eugène-Constant), culti-vateur, en son domicile à. . . . . rue. . . . . N.º. . . . . canton d. . . . . arrondissement d. . . . . département d. . . . . en parlant à. . . . .

Que, suivant convention verbale du dix-sept août mil huit cent quarante-deux, ladite Compagnie a assuré à mondit sieur L. . . . . (Eugène-Constant), une somme de vingt-huit mille francs, sur bâtiment mobilier, ins-truments aratoires, bestiaux et récoltes de sa ferme, située audit. . . . . (2)

Qu'un incendie ayant éclaté le quatre présent mois a atteint les valeurs assurées,

La Compagnie, usant du droit que lui confère ladite convention audit cas de sinistre, déclare qu'elle entend que et ladite convention soit et demeure résiliée.

En conséquence, j'ai formellement déclaré audit sieur. . . . . qu'à dater de ce jour ladite assurance est demeure nulle et non avenue.

A ce qu'il n'en ignore, et sous toute réserve de fait et de droit, je lui ai, au domicile, et parlant comme ci dessus, laissé copie du présent, dont le coût est de....

---

(1) Le département d...., l'arrondissement d...., le canton d.... ou la commune d....

(2) Si la résiliation a pour cause le non paiement de la prime, il faut dire :

Que l'assuré n'ayant pas payé la prime dans le délai stipulé, la Compagnie, usant du droit que lui confère ladite convention audit cas de non paiement de la prime dans le délai stipulé, déclare qu'elle entend, etc.

TABLE DES MODÈLES.

30

www.ingramcontent.com/pod-product-compliance
Lightning Source LLC
Chambersburg PA
CBHW071658200326
41519CB00012BA/2558